心理医生手记
32个来自一线的案例

最美的告别

让爱与和解相伴左右

江珈玮 / 著　　汤舒皮 / 绘

中华工商联合出版社

图书在版编目（CIP）数据

最美的告别：让爱与和解相伴左右 / 江珈玮著. ——
北京：中华工商联合出版社，2021.5

ISBN 978-7-5158-2613-4

Ⅰ.①最… Ⅱ.①江… Ⅲ.①生命哲学-通俗读物
Ⅳ.①B083-49

中国版本图书馆CIP数据核字（2021）第 056958 号

北京市版权局著作权合同登记号：图字01-2021-2943

最美的告别：让爱与和解相伴左右

作　　者：江珈玮

绘　　图：汤舒皮

出 品 人：李　梁

责任编辑：胡小英　马维佳

装帧设计：周　琼

责任审读：郭敬梅

责任印制：迈致红

出版发行：中华工商联合出版社有限责任公司

印　　刷：北京毅峰迅捷印刷有限公司

版　　次：2021 年 8 月第 1 版

印　　次：2021 年 8 月第 1 次印刷

开　　本：710mm×1020mm　1/16

字　　数：180 千字

印　　张：13.5

书　　号：ISBN 978-7-5158-2613-4

定　　价：59.00 元

服务热线：010－58301130－0（前台）

销售热线：010－58302977（网店部）
　　　　　010－58302166（门店部）
　　　　　010－58302837（馆配部、新媒体部）
　　　　　010－58302813（团购部）

地址邮编：北京市西城区西环广场 A 座
　　　　　19－20 层，100044

http://www.chgslcbs.cn

投稿热线：010－58302907（总编室）

投稿邮箱：1621239583@qq.com

|目 录|

001　与爸爸的秘密通道

虽然爱的人不在了，但还是可以用你的方式与他们联系

■ 不同年龄层儿童的死亡认知

008　珍惜和爸爸相处的日子

日后再多的怀念，都不如现在牵手聊天的日常陪伴

■ 陪伴儿童度过悲伤

015　在妈咪的耳边说再见

除了伤痛之外，在亲人临终前还有更重要的事——好好道别

■ 孩子的渐进式告别

那些被惯性忽略的人与事，
才是生命的本质

阿伦·沃菲尔特（Alan Wolfelt）说："陪伴是保持静止，而非急着向前行；是发现沉默的奥妙，而非用言语填满每一个痛苦的片刻；是用心倾听，而非用脑分析；是见证他人的挣扎历程；而非指导他们脱离挣扎；是出席他人的痛苦，而非强加秩序与逻辑；是与另外一个人一起进入心灵深处探险，而非肩负走出幽谷的责任。"

哀悼，是种回应失落的分享。不愿进入哀悼的人，也难愈合。

作者服务于癌症心理领域，是陪伴当事人哀悼的心理工作者。然而，并不是每个人都有能力，或者能放心，把自己内在的悲伤展现于外。

"陪伴病人去谈自己的无力感是我工作中与病人会谈的重要内容，唯有看见自己的无力感，才有可能慢慢地调适心理状态……"

有时候靠个人的力量，去面对可能即将离开这个世界的现实，那股压倒性的哀伤，让人却步。然而，自己内在的无力感不被接纳，心理上的调适就不会那么顺利，那么，自己跟自己的关系，以及自己与他人的关系，都将连带着受到影响，包括辛劳疲惫的看护者。

死亡教导我们的是，几乎所有的事都能喊暂停。它的现身，让我们看得更清楚，之前我们到底活成了什么样子。

"将近四十岁左右的姗姗，被诊断出肾脏癌末期，她是家里最小的女儿，她自认为从小就是家里最听话、最累的那个，忙着照顾父母的情绪，没有自己的生活。姗姗没有所谓的好朋友，也没有伴侣，在心理需求上无人可倾诉，这几年是藉由不断赚钱来弥补内心的失落。在她这样说的同时，我心里想的是——这不也正是许多人的写照吗？"

大部分的人，或者有伴侣，或许有些友谊，然而依旧不能理所当然地在人前呈现真实的自己。即使在喧闹的人群中，也有人同时怀抱着寂寞。

当我们从忙碌的生活中停下来之后，我们才发现，我们原来遗失了身边的关系。

"我知道，疾病只是额外的压力源，让他最感困惑的都不是这些，他是透过疾病理解到自己内在一直以来最重视的东西——亲情。"

我推荐这本书，很重要的一个原因，是它提醒了我们一些重要的事情——那些重要，但又被我们习惯性忽略的人与事。有好几个故事，都围绕着这个主题述说。

死亡也像警报器，它告诉我们，我们的内在疏于整理，我们的眼光一直向外而移不回来。要移回来，有些重要的事，等着我们处理。譬如，对生之眷恋，对我们紧紧抱持着的种种"应该"，要试着一点一点放下了。

这是一本面对生死议题，或者陪伴他人度过失落阶段的重要范本。有故事、有常识、有眼泪、有专业，跟各位朋友分享。愿我们藉着此书，更明白怎么活，更懂得把握。

著名临床心理师

洪仲清

别让忧虑变成"房间里的大象"

初识作者是在心理肿瘤学的专业训练课程，在她冰山美人的气质下，其实是位言谈幽默风趣的人。令人印象深刻的是作者对人的关怀并非一般的嘘寒问暖，而是总带有一种很有活力但内隐的陪伴力量，有点类似本书中"猫的温柔陪伴"里面讲的猫咪的同理心，很关心你却不会让人感到有压力。

这本书谈了很多跟癌症有关的内容，有一大部分是跟失落悲伤有关，第一篇"与爸爸的秘密通道"就谈到死亡不是结束，而是一种关系的转变，家人依然可以与逝者保持连接。至亲的离去，对家属来说是生命中非常重大的失落时刻，每个人都会有自己的哀悼与想念方式。本书前半段的内容大多围绕在描述作者陪伴这些病人和家属，帮助他们面对分离的悲伤的调适过程。读者们可能会好奇，一本讲癌症心理咨询的书，为什么要从死亡开始谈起？死亡应该是不行了才要谈，不是应该要先鼓励正向思考吗？我想这刚好也呼应最后一篇"正视死亡反而让我强大"，我们当然可以鼓励病人或自己要正向面对癌症，但若不能建立在"正视癌症是威胁生命的疾病"这个基础之上，那些理所当然的焦虑或担忧将难以抒发，变成"房间里的大象"，阻碍病人与家属的关系及沟通。先面对最大的困难——死亡焦虑，我们就可以好好地谈与癌症共处（第二十篇）、寻求支持团体（第二十一篇）、重新架构（第二十二篇）、正念减压的静心与觉察（第二十三篇）、练习感恩（第二十四篇），以及每个人都要做的生命末期决定（第三十篇）。

书中的每一篇故事，都记录了作者与病友和家属互动后的深刻体会。光是读完故事本身就可以为读者们带来一些思考，珈玮更进一步，还在每一篇故事的最后加注了"心理师的临床笔记"，把故事中相关的心理学概念或重要资讯列出来，更有助于读者参考与运用，非常适合癌症病友、家属，甚至是癌症领域的专业人员阅读，诚心推荐这本书给您！

基隆长庚医院情人湖院区癌症中心心理师

叶北辰

癌症病房心理咨询
——绝对必要，绝对重要

知道珈玮要出书了，我满怀兴奋与感激。

早期，除了和信治癌中心医院之外，台湾没有其它的医院提供专属的癌症心理咨询服务。2009年，台湾心理肿瘤医学学会成立后，我们一群人与国民健康署合作，致力提升癌症病人的心理支持服务。2012年底，学会与国民健康署进行审慎的讨论，2013年，国民健康署在癌症品质提升计划中，正式把医院提供心理肿瘤服务列为宣办项目，并且要求各医院至少要聘任一位专职的临床心理师或咨询心理师。珈玮就是在这一新政策下，进入医院直接照顾癌症病人的心理师。

台湾人看似意见很多，但是遇到真正痛苦的事情，常常是苦往心里藏，根本不会主动求助。癌症病人的苦更是如此，若医疗人员不主动关心癌症病人，他们很容易就会失志、忧郁，甚至轻生。据台湾大学公共卫生学院与和信治癌中心医院于 2017 年发表于国际期刊《心理肿瘤医学》的论文显示，过去20多年，台湾癌症病人的自杀死亡率居然高达每年每10万人中约有110人，这个数字是触目惊心的。由此可知，提供心理肿瘤医学服务，是绝对必要的。

　　珈玮在过去几年，非常积极地参与台湾心理肿瘤医学学会与亚太心理肿瘤学交流基金会主办的学术活动。2016年11月，我们一起到新加坡参加第5届亚太心理肿瘤医学研讨会，并且发表论文。她很努力地在自己的工作领域服务癌症病人，甚至是家属。在珈玮的文字中，不论是"再说一次当初承诺"的阿滨，还是"想帮孩子梳头发到长大的母亲"的文玲，或是"拜托，让我安乐死可以吗"的阿龙，都可以看到她对每个生命的关怀与付出，帮助他们鼓起勇气面对自己的人生。

　　心理师不是只会评鉴、分析或是给建议，在癌症病人许多重要的时刻，心理师能够发挥关键的作用，促成生命中许多的感动与意义。癌症病房的心理咨询，绝对必要，绝对重要。

　　这本书，适合所有的人看，一篇一篇的小品，一段一段的故

事，一波一波的悸动，相信一定能让读者从癌症病房的心理咨询
中获得生命的力量。

亚太心理肿瘤学交流基金会董事长

马偕纪念医院精神医学部暨安宁疗护教育示范中心主任

方俊凯

如同猫的陪伴

　　小时候我是那种擅长表达、能说会道的孩子，喜欢创作、喜欢画画、每天都有新点子。原本以为自己会成为一位艺术家，但生命的发展往往不按牌理出牌，有时候看似一切都是自己选择的，但冥冥之中，生命就像被慢慢引导向某个既定的方向前进一样，不过心理治疗也可以算是一种助人的艺术吧。

　　高中时期开始，我发现自己能从安抚人心中获得成就感，接下来的日子，也总是扮演让人放心倾诉的角色。因此，我自然而然地就成为心理学家了。

　　我们每个人都用不同的方式"存在"于这个世界上，或是潜意识追求"变得更好的自己"。对我而言，我一部分的存在意义就是做心理助人工作，通过与他人生命经验相连结，达到自我成长，学习心理弹性。

许多人对于心理师这个职业常有无限美好的想像，以为当心理师只要每天打扮得漂漂亮亮、陪他人说说话，就可以轻松赚钱。他们忽略的是，光是通过高考就不容易之外，后续更必须接受系统的专业训练，包含会谈技巧训练、心理分析等专业课程，其实，一点都不轻松。

而身为心理师的我，虽有着丰富的心理学知识、心理分析或评估技巧，但因为我大部分的工作是服务癌症病人或家属，在心理肿瘤学（Psycho-oncology）领域，病人很需要我如同猫咪的特质——深度同理、深度理解、专业陪伴，而非仅是理智的心理分析或运用技巧。这"揪心"的工作，平衡理智及情感相当重要，对我来说至今仍是个考验。

在这个社会，"同理心"相当重要，但这不容易，我也是经过后天努力的学习及临床经验的累积，才能真正理解许多人过着相当无奈的日子。有时人生遭遇真的不是自己能选择的，如果能"同理他人"（设身处地替他人着想），从对身旁亲近的人开始学习，至少能对于身边的人有助益，也较能珍惜身旁与人交往的关系。

我看见许多人的生命到了最后，最有价值的不是金钱（但不能说金钱不重要，做好金钱管理，对于他人的生命不会造成负担），但若能与家人亲近或他人关系和谐，对于社会有所贡献，走到生命的最后一步，确实是较不会感到遗憾的。

这本书里介绍了一些不同的临床事例，特别是"与孩子说死亡"这件事情，有些学龄前或低年级学童面对失去家长的威胁，大人难以向孩子启齿，心疼而不敢告知实况，这时建议慢慢地说，至少告诉孩子"父亲或母亲的离开并不是你的错，而爸爸或妈妈也很努力地对抗病魔，但是还是没有办法。"这点很重要，能避免孩子陷入自责。

书中也介绍了一些常用的实用心理知识，希望对你们能有实质的帮助。也期待这本书可以陪伴癌症病人或家属，带给你们力量，希望你们都知道，你们并不孤单。书中所提及的故事皆是真人真事，但尊重病人的隐私，故事都经过重组改写与化名呈现。无论这些人这些事发生在世界哪个角落，愿能提供你另外一个视角，带给你温暖。

最后想表达感谢。感谢出版社总编辑及责任编辑给予我的理解，我能感受到他们想要助人的心意。感谢所有一直在身边支持我的每一个亲友及贵人们、医院的栽培及台湾心理肿瘤医学学会的训练。谢谢承诺一定会买书的好朋友：珮儿、美慧、吴馨馨、妮妮、君薇及筱萍。还有更多要感谢的人我感念于心。特别感谢我的母亲从小耳提面命地告诉我，助人是幸运的并信任我的每个决定。

也谢谢购买此书的每一个读者，谢谢你！愿本书带给你力量，或仅仅只是我如同猫咪的平静陪伴，也很好。

认识"咨询心理师"

在台湾，心理师分为"咨询心理师""临床心理师"两种专业，而两者皆要通过考试，方能称为"心理师"，并有资格执行"心理咨询暨心理治疗"工作。其报考条件包含：完成心理学硕士学位，并在硕士课程中修习其心理专业知识必要学分，经历至少一年的实习，专业伦理、督导训练合格等。

两者其实各有其专业训练，也都有能力做心理咨询暨心理治疗，最大的差异是临床心理师能做器质性脑部病变病人的心理衡鉴及心理治疗，咨询心理师则不行。

一般而言，心理衡鉴、认知行为治疗取向是临床心理师较擅长的；偏向人本主义的心理治疗取向则是咨询心理师较擅长的部分，但还是依各心理师的兴趣领域去发展。

除此之外，工作场所也有些区别，但不是绝对。大部分的咨询心理师在学校、机构、企业担任助人工作，而临床心理师则会在医院执业。然而，近年来开始注重癌症心理肿瘤照护工作，发现癌症病人也有心理专业人员（包含咨询心理师与临床心理师）服务之需求，故各医院也聘用咨询心理师在医院担任肿瘤心理照护工作。

在癌症心理肿瘤领域服务的心理师，每年接受教育训练为基本要求，而要取得台湾心理肿瘤医学学会心理专家认证，则需要在癌症病人心理照护临床经验满五年以上，并修习癌症肿瘤照护的学分方能申请。

医疗临床工作中常看见患癌对人造成多种压力，虽然每个人人格特质及环境皆不同，但都让人因现实因素而形成各种心理压力，比如担心无法继续工作而产生的经济压力、担心成为他人负担、担心被别人"标签化"、担心治疗的副作用、担心复发、担心努力治疗没有效果、担心家庭成员、担心自己成为一个没有用的人等。有些人体悟到生命的不确定性而产生焦虑、恐惧、忧郁的心情，这些是癌症病人最常面对的身心搅扰状态，可见肿瘤心理照护工作有其必要性。

在心理肿瘤学领域中，没有完成专业的一天，除了心理学相关专业知识、病情沟通与告知技巧、自杀防治、情绪心理评估与心理治疗技巧之外，人格与癌症的关系、心理治疗与存活率的关系，皆是未来值得深入研究之处。有感于现在所担任的心理工作是面对人与生命的议题，这也如人生历程一样，需不断学习与成长，对我而言别具意义，也更能贴近自身生命的省思。

　最美的告别：让爱与和解相伴左右

与爸爸的秘密通道

虽然爱的人不在了，但还是可以用你的方式与他们联系

相较之下成人可以经过比较多的表述和沟通，去慢慢调适和面对伴侣的离开，而身为世上最强的坚毅母亲，最困难的不是丈夫离世之后，该如何面对日后经济上、情感上拮据无助的单亲生活，而是事发时，如何回答双眼闪着泪光的孩子那不定期的提问，"爸爸怎么还不回来？爸爸是不是不要我了？"

故事里的父母是在英国留学时认识的，母亲是一位美丽、温柔又独立的女性，而帅气的父亲也很优秀，有自己的小事业，在

他们的爱情里，有两位可爱相亲的孩子，而重视孩子教育的他们，亲子互动也相当好。

我想，以现在的社会价值观来说，他们就是所谓的"人生大赢家"吧。美好的爱情、美满的家庭，过着虽然不是大富大贵但也衣食无忧的生活，让多少人引颈欣羡着。

但是，上天总是不从人愿。在众人羡慕的粉红色泡泡——成形的时候，上天狠心地搓破了所有的未来。父亲被诊断大肠癌第四期末期，并且已经转移。

我只见过一次父亲。他们忙于治疗，甚至奔波至美国、日本以获取更先进的医学疗法，最终还是无效，父亲的生命被划上了句点。

母亲带着九岁跟五岁的孩子前来预约心理会谈，小小孩似乎还不太清楚发生了什么事情，但大孩子已经懂得问："阿姨，爸爸是不是不要我了呢？"于是后来只跟大孩子预约会谈。

父亲因大肠癌离世一个月了，大孩子每天睡前都会问悲伤的遗孀，"妈妈，爸爸什么时候回来，爸爸是不是真的不要我了？"心力交瘁的母亲尽管心情再煎熬，仍忍住泪水打电话求助，求助的内容不是她自身害怕如何面对丈夫死亡这件事，而是"不知道怎么告诉孩子"。

相较之下成人可以经过比较多的描绘和沟通，去慢慢调适和面对伴侣的离开，而身为世上最强的坚毅母亲，最困难的不是丈夫离世之后，日后如何面对经济上、情感上拮据无助的单亲生活，而是事发时，该如何面对日夜双眼闪着泪光的孩子。

"我开不了口。"几乎是所有家长跨不过去的槛。

第一次跟这九岁小女孩预约心理会谈时，她穿着英伦风格的服装，双腿并拢、乖巧安静地坐在会谈室里，即便脸上充满稚气，但行止都礼貌有序。征求小女孩同意后，我们开始讨论爸爸的事情，但她却很难主动用语言表达什么，听到"爸爸"两个字，便抑制不住地落泪，不断地抽取眼前的卫生纸。

这时，我明白她心里已经知道失去爸爸的事实，只是这事实对孩子来说相当难以接受。她伴着啜泣声问，"妈妈说爸爸会回来，但是爸爸一直都没有回来，是不是不要我了呢？"**孩子不断重复的问号，不是真的提问，而是她对事实理解的过程，孩子正在用她的方法理解失去爸爸的事实。**

通常这时候，我都会跟小朋友说，"那我们一起想念一下爸爸，好不好？"他们会说爸爸对他们有多好，带他们去哪里玩，也会买玩具给他们，很喜欢跟爸爸在一起……我跟小朋友们约定，即使爸爸已经离开了，但我们一样可以在会谈室里想念爸爸，也可以在家里想念爸爸，在任何你想爸爸的时候想念他。接着我问小女孩，"我理解你现在有多想念爸爸，所以我也想知道

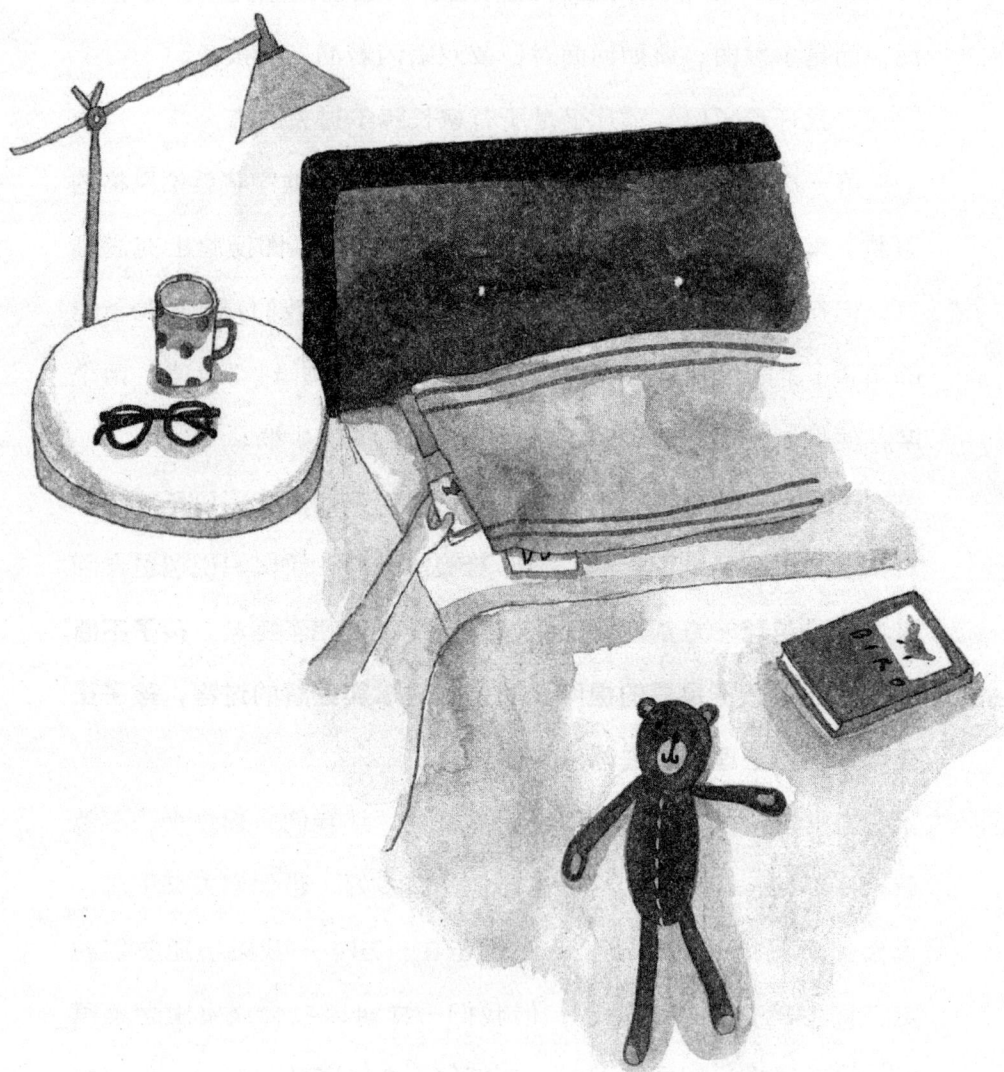

你想念爸爸的时候，会用什么方式表示呢？"

小女孩说："我会写信给爸爸，然后折起来，放在爸爸的枕头下，这是跟爸爸的秘密通道喔！"小女孩还说，"以前生日的时候，爸爸都会放礼物在枕头边，隔天，我就会在枕头底下放一封谢谢爸爸的回信。"说到这，孩子收起泪汪汪的双眼，露出认真的眼神告诉我，她现在也还持续做着这件事情。

"很好喔，持续这个跟爸爸的秘密通道，这对你来说很重要呢。"我和小女孩约定，"每次，我们都可以在这个空间里面说任何想念爸爸的事情，但是你不想说的时候也可以告诉我喔。"小女孩点点头，说着爸爸带她去哪里玩、答应过爸爸哪些事情。

每次的会谈，我们都会谈到信的内容写了哪些，然后放在与爸爸的秘密通道里面，在这些信里有许多画，画出了以往与爸爸的快乐回忆，也分享她现在的校园生活。

一次听她说她与父亲分享的内容，发现她正逐渐接受"爸爸不会回来了"的事实。我问："你觉得爸爸现在在哪儿啊？"她说："我真的觉得……爸爸在天上看着我有没有乖，也很想我跟妈咪、妹妹。"我强忍着眼眶里的泪水，"嗯，我知道了，我也这么觉得喔！"用信任的眼神看着她。

我们共会谈了十二次，通过每次的儿童咨询，孩子逐渐接受父亲离开后的生活状态，也较少用大哭大闹的情绪表现悲伤。最后一次会谈，是与这小女孩谈论父亲节卡片要放在哪个位置会比较好，直到她说，"我跟爸爸说，'不用担心我，我会乖乖听妈妈的话'"。

我想，这孩子已经通过秘密通道，找到专属她自己的想念仓库，存放她对父亲的永恒思念。

·心理师的临床笔记·

不同年龄层儿童的死亡认知

随着儿童的发展年龄，对于死亡的概念及哀伤反应也会不同，建议依照儿童不同的认知去陪伴及关怀。

● 婴儿期（0~2岁）：对死亡的概念可能还不清楚，面对哀伤的反应可能会因分离焦虑而产生，如易怒、哭泣，饮食习惯改变或睡眠改变。

● 学龄前（2~4岁）：这个阶段的孩子可能很难理解

"永远"这个概念，故可能孩子被告知亲人（父母）死亡时，一小时后又会问"爸爸去哪里了？"。

● **幼儿阶段（4～7岁）**：这年纪的儿童可能会把死亡看成是可逆、可反转的，也有可能会觉得他们要为死亡负责任。这年龄阶层的孩子有时哀伤反应已经很自然，但也可能会模仿大人的哀伤反应，如愤怒、伤心、困惑或吃不下、睡不着等表现。

● **儿童中期（7～10岁）**：这时候儿童已经很清楚死亡是不可逆的，也能理解死亡会发生在动物和人身上，但依然期待爸爸能回来。

珍惜和爸爸相处的日子

日后再多的怀念，都不如现在牵手聊天的日常陪伴

> 她平常就不太表达情绪，对外总是笑眯眯的，在父亲离世后，她送所有护理人员卡片，并说安宁病房里的所有护理人员都是天使。而她不知道的是，带着笑容的她才是安宁病房里所有人的天使。

一位食道癌末期的病人，为了获得身心更完善的医疗照护，选择住安宁病房，这位病人的独生女约十二岁左右，护理人员担心孩子的心里会对父亲可能即将离开而悲伤，故约请了心理师。

这女孩说话语气特别成熟，对医疗临床人员总是笑眯眯，相处得很好。看见这有着弯月般双眼的她走进会谈室，我简单地自我介绍，并如常聆听这位女孩在心理上有没有需要帮助的地方。

"所以，我可以跟你讲心里话吗？"她说，现在虽然每天都陪在爸爸的旁边，但一直有种爸爸随时会走的感觉，常常看见妈妈偷偷掉眼泪，也跟她说爸爸的病情不会好了。看见妈妈哭，自己却也无能为力，不能为家人做些什么。

除了理解孩子的无助感，此时我也看见孩子正面临的心理变化。孩子因看见妈妈已经够难过了，所以心理在抉择是否要将自己的心情藏起来，避免让爸妈担心。

她笑眯眯地看着我，并说出她真正的愿望，"其实我还是希望爸爸的疾病会好。"这时候，我虽然没有多说什么，但我知道那是她的期望，同时也代表她心底已经知道爸爸真的不会好了，而我只是陪她通过一张A4图画纸和几支粉蜡笔，画出她想表达的。

她画的是全家人快乐出游的欢乐画面，周围有许多爱心，画里的大家都很健康。她一边画，我一边听她叙说着与爸爸的故事，"爸爸会带我们一起出去玩，买好多东西给我。我要把这幅画放在爸爸的床头边，这其实是我送给爸爸的第二幅画喔！"

与她讨论现在想做的，她轻声说，"我只想要珍惜现在能与爸爸相处的时间，虽然不知道剩下多久……"她一星期去安宁病房两天，和妈妈一起推着轮椅带爸爸到医院附近走走，晒晒太阳，聊聊日常。看见妈妈握着爸爸的手，她也会伸手去握着，陪戴着呼吸器的爸爸聊天，爸爸因肿瘤过大，不方便说话，我问她都跟爸爸说些什么，她说，"我叫爸爸不用担心我们"，她认为现在家里需要正面的力量，如此才能让爸爸放心。

我看她的回应如此成熟，心里甚是不忍，她还只是个十来岁**的孩子，心里承受的压力与痛苦，并不比大人来得轻，但却有如此超龄的表现，反而更让我挂心。**

一次，爸爸突然大出血，女孩被吓到了，一时之间不知该如何是好，只是不断地流下不知所措的眼泪，这是女孩第一次表现出恐惧。护理人员与病人陪伴着她，即时给这孩子一些适当的情绪安抚。这也是安宁病房的照护优点，因为护理人员较充足，也受过完整的安宁护理训练，所以相对来说，这里的护理人员也较能温柔地照顾到家属的情绪。

后来跟这孩子会谈了两三次，她说她有时候其实会偷偷地哭，我继续探问，她说，"就心情闷闷的吧，在学校也有点闷，一时说不上来。"评估她的生理状态，除了偶尔出现胸口闷的症状，其他学校表现、睡眠、食欲表现都还好，所以就转而关心她情绪的出口。她说，"我会固定跟一个好朋友说，我们会交换日记。"

那你会在好朋友面前哭吗？"其实不太会。但通常我一个人自己哭一哭，哭完擦擦眼泪，心情就好多了。"

我试着了解这个孩子的状态，她不想在他人面前表达太多情绪，平常唯一会展露情绪的对象是母亲，但偏偏此时共同面对的困境是父亲的疾病，因此也不想对母亲表露太多，所以她对外总是笑眯眯的。我说，"若日后想要一个人好好哭一场的时候，可以跟安宁病房借会谈室，"她开心地点了点头。

之后，护理人员告诉我，她曾借空间，独自去那个环境待着。

一个多月后，父亲离开了，女孩在父亲离世后给所有的护理人员赠送卡片，她说安宁病房里的所有护理人员都是天使。她亲手做了一张卡片给我，上面画着我绑马尾的样子，并写着："每次跟心理师讲完话都会很放松，好像烦恼的事情变得不那么烦恼了，而且你也会告诉我一些方法让我觉得心里好过一些。谢谢你！我也想像你一样帮助别人。"看到一位孩子这样单纯的回馈，我想这就是这份工作的价值。

我告诉这孩子，未来若有任何烦恼，都可以写信告诉我，我会回信的。而她不知道的是，带着笑容的她才是安宁病房里所有人的天使。

时间又过了两、三个月，这孩子寄信到医院询问了一些烦恼，内容是：

漂亮的心理医生：

  爸爸离开了，有时候还是觉得爸爸还在一样，今天学校做父亲节卡片，我很用心做了，回家后，我想着该把卡片放在哪边呢？有没有什么好建议呢？有时候想到爸爸，心情还是好难过，也不知道为什么。

  后来我也回复了她一则短信：

亲爱的○○，

  我可以理解在父亲节这个特别的节日会想起爸爸，不过就用你想用的方式去跟爸爸交流吧。爸爸才离开一段时间，也许你还很不习惯没有爸爸的日子。你可以把卡片放在你觉得爸爸会说可以放或是爸爸比较容易看到的地方。若心里还是感到很悲伤，可以请妈妈带你来找我喔。

•心理师的临床笔记•

陪伴儿童度过悲伤

由于每个孩子被教导的死亡概念是不同的，表现也不相同，除了上述认识孩子可能的发展，陪伴孩子度过哀伤，也请记得孩子可能不知道如何表达自己的哀伤，因此也可能学习大人的哀伤表达方式。

所以，给予儿童最大的心理空间，对于面对伤痛的孩子来说相当重要。陪伴哀伤儿童去做一些事情，比方用图画的方式（给儿童全白的图画纸去画出回忆中的亲人，或者可以送祝福给亲人画些什么），再进一步跟孩子讨论。若依然发现儿童有些情绪表现反复不断发生、学校行为改变，或突然变得沉默不语，可以寻找心理专业人员协助。

一般来说，九岁以上的孩子已经能理解死亡是真实、普遍的状况，也是不可避免的，儿童这时的死亡认知已经可以达到成人般的理解能力，知道人会离开这个世界。

如何陪着儿童度过悲伤调适的阶段呢？以下分享一些临床工作的方式：

● **尽量诚实且简单地回答他们的疑问**：让孩子能放心地说他们想说的，并如实表达他们的感觉，避免使用责备或逃避的方式回应孩子的疑问。

● **鼓励孩子用一些方式表达感受**：家人也许陪伴孩子共读关于"失落"主题的绘本，或是用画画、戏剧的方式陪着孩子表达出来，用耐心的态度理解孩子一些退化行为（如：学校表现降低、拒绝上学）也是必要的。

● **调整成人本身的情绪并达到稳定**：成人则需要先学习调整好自己的情绪，渐渐稳定了才能给孩子较信任、稳定的环境。

● **注意一些特殊的节日**：一些特殊节日，总是会让我们想起特定的人，对于孩子来说尤是，特别是现在学校教学强调互动性和多元化，常会设计相关节日的课程，如：父亲节、母亲节等，对于刚失去父亲或母亲的孩子来说，都需要更多的关心。

● 若孩子依然持续出现一些负向情绪，也可进一步向专业心理咨询师求助。

在妈咪的耳边说再见

除了伤痛之外，在亲人临终前还有更重要的事——好好道别

> 哥哥说："我想跟妈咪好好地说再见，想在妈咪的耳边跟她说，我们都很爱她，希望她不要痛了。"于是，我陪着这两兄弟，让他们闭上眼睛，将心里期盼妈咪不再苦痛的祝福，引导他们在妈咪的耳边把爱说出来。

我一直认为在肿瘤心理领域服务担任心理师这份工作很有意义，不可讳言，这也带着残酷，特别是需要协助家长告知儿童关于亲人的病情，这就好像必须狠心地告诉天真无邪、对父母仍百般依赖的小白兔们，一直照顾着你们的大白兔要离开了。

周妈妈罹患的是恶性卵巢癌，因为型态的关系，疾病预后不佳，四十出头的她被诊断出来之后没多久，就被医生判定剩余的生命时间不到一年。面对这种青壮年离世的家庭，即便已累积不少相关经验，但每次会面前，我还是要心理调适一番。除了感叹生命的无常之外，更是不忍面对八、九岁孩子的"期待"：爸妈只是一时病了，过一阵子就会康复的。

　　周妈妈开始出现意识混乱的情形。所谓意识混乱是末期病人常出现的病症，如日夜颠倒，或是定向感不清，导致人、事、时、地、物紊乱，有些病人也说会看到幻象。而周妈妈的状态是大多时间都在昏睡，于是我主动到病房找到这对小兄弟，也请主要照顾者周爸爸先离开病房，让我单独跟两兄弟谈谈。

　　向两兄弟简单自我介绍后，我想先了解他们跟妈妈交流的情况，知道病人在孩子眼中的形象，大凯哥哥先开口焦急地问："我的妈咪到底怎么了，怎么一直在睡觉？"妈咪，是他们叫母亲的方式。"你们妈咪对你们很好吧？"两个兄弟狂点头，"妈咪每次都会鼓励我们、买玩具给我们。爸爸比较凶，妈咪都会叫爸爸不要这样凶！而且妈咪每天辛苦上班之后，回家还要做家事、煮饭给我们吃。啊，妈咪也会带我们出去玩！"两个孩子争先恐后抢着发言，我心揪了一下，因为周爸爸说他不知道怎么跟孩子说病人的状况，所以迟迟没开口，即便我一直鼓励爸爸先试着跟孩子说明，但他始终开不了口……

协助家属跟孩子说他们最爱的亲人即将离开，也是我的工作内容之一，我需要了解孩子的认知、与妈咪的关系，也要知道平日多依赖家长等日常状况。坦白说，每次这么做都十分揪心，但想到**如果现在不跟孩子说，他们连跟母亲道别的机会都没有，这可能会造成一辈子的遗憾，一想到这个，我就还是会打起精神，更加审慎地做孩童病情告知。**

这对小兄弟不断说妈咪如何对他们好的同时，我注意到在床边有两兄弟亲手写的母亲节卡片，以及周妈妈同事的祝福，墙上贴着满满的打气短语，像是"加油！你一定可以康复的！"都写在海报上。

就医疗实际情况看，询问医疗团队后，得知病人的身体状态每况愈下，所以我选择采取渐进式的方式告知两兄弟。"我知道你们看着妈咪生病很久了，假日时都会尽量陪妈咪，心里一定会不太好受，不过你们知道吗？你们的妈咪已经很努力了，但是没有办法完全康复。"孩子们似懂非懂。

在下一次的会谈，小兄弟们各自挂着两行泪问："妈妈是不是真的不会好了？"这时，我知道这份工作最残忍的部分来了，缓缓地跟他们说，"你们心爱的妈咪可能不会回来了，这不是你们的错，而你们的妈咪一直很努力配合治疗，但……现在真的没

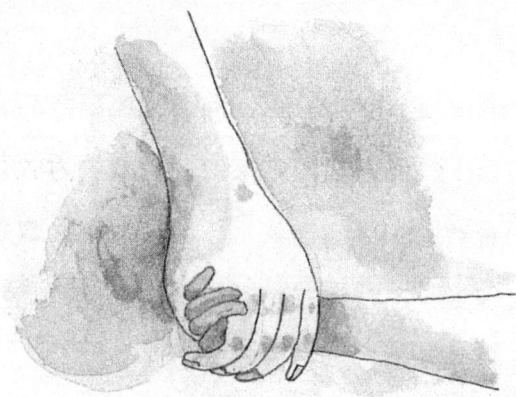

有办法了。"

　　我接着问小兄弟们有没有悲伤反映的状况？年纪稍长的大凯哥哥说，胸口会闷闷的，小凯弟弟也跟着说有类似状况。"我听你们说这么多跟妈咪一起发生的很棒的事情，知道妈咪对你们真的很好，你们也都很希望妈咪好起来，但是实际的状况并没有，这可能会让你们很难过。所以，现在重要的是，你们想要帮妈咪做什么事情呢？"**引导孩子走出当下的难过困境，让他们更积极地去想，现在想要为病人做的事情，一方面可以转移悲伤情绪，也可以帮助他们好好地与亲人道别。**

　　大凯说："妈咪有时候好像很痛，我现在都会牵着弟弟一起握着妈咪的手安慰她，我想……跟妈咪好好地说再见，想在妈咪的耳边跟她说，我们都很爱她，希望她不要痛了。"于是，我陪着这两兄弟祝福，让他们闭上眼睛，将心里期盼妈咪不再苦痛的祝福，引导他们在妈咪的耳边把爱说出来。

　　这些都是孩子自发性表达爱的方式，理解他们想要单独跟妈咪相处的机会，给孩子跟妈咪互动的空间，讲属于母子间的悄悄话。这两兄弟也很喜欢画画，他们画给妈咪的画中是全家人手牵手一起玩乐的画面，有许多颗爱心，像是纪念这曾经真实存在的记忆，我们把画贴在妈咪病床边充满祝福小语的那片墙。

　　几次会晤后，大凯告诉我，"我有跟弟弟说妈妈可能不会回来了。"但他们还是想跟妈咪说再见，然后一直跟妈咪说很爱她。我鼓励他们去道别，并对他们说："以后，跟爸爸一起想妈咪好吗？"他们擦擦眼角的眼泪，使劲点点头。

后来，我与周爸爸谈了未来两兄弟可能会出现的情绪上或行为上的一些哀伤反应，也跟爸爸沟通，不要以责备的方式告诉孩子们关于妈咪的事，两兄弟对于妈咪的离开仍会感到不安与难过。

除了孩子，我明白周爸爸心里也难受得很，只是没有表达出来罢了。我稍微安慰了他，但他只是隐忍着眼角的泪水说："该努力也都努力了，但天不从人愿，现在能做的就是好好照顾孩子。""你有告诉周太太你想对她说的话吗？""嗯，有告诉她放心孩子的事，也感谢她这些年来为这个家的付出。"很平淡的表述，但我想这份感谢对病人而言是很珍贵的礼物。

·心理师的临床笔记·

孩子的渐进式告别

　　道别，对孩子的心理也是重要的，若没有跟亲爱的人告别，会产生失落与遗憾。尤其需要考虑孩子若是特别依赖即将逝世者，也要让孩子有时间作心理准备，以降低未来孩子的悲伤反应。

　　根据临床经验，建议采用"渐进式的方法"，慢慢了解孩子心理的期待，理解孩子，然后给予空间让孩子与即将逝世者告别。实际上，除了可以鼓励孩子在即将逝世者的耳边说悄悄话，或是写卡片、念出卡片里的祝福，也需要尊重每个孩子的悲伤表现。

亲爱的奶奶，我会想念在天上的你

不敢靠近，不是不能接受你病后的状态，而是怕自己忍不住泪崩

在我们的心中也许都有这样的一个人，无论这个人是否还在这个世界上，就只是单纯地想念着他，这样的想念情绪，对成人、儿童都是一样的心理，我们都希望那个被想念的人，知道我们不会忘记他。

一位即将要失去奶奶的九岁女孩，跟奶奶的关系特别好，也受奶奶疼爱。七十岁左右的奶奶被诊断是胆管癌末期，随着疾病的恶化，加上有些症状需要帮助，最后家属选择安宁病房让奶奶

获得更好的身心照护。

最近，母亲发现小女孩不太敢靠近奶奶的病床，透露出很害怕的表情，身体四肢紧绷。母亲认为可能是因为孩子脑海里的奶奶突然因疾病变瘦、变得不像原来的样子，所以希望心理师能帮忙。

见面前，我也担心自己会控制不住眼泪，因为孩子的真挚情绪哭起来总特别让人心疼。跟孩子约隔日会谈，妈妈特别跟幼儿园请了假，非常担心这孩子的情绪。

隔日，小女孩进会谈室，梳着可爱的公主头，谦逊有礼。一开始她的坐姿有点紧绷，为了让孩子放松，我先跟她自我介绍了："我是心理师喔，你知道心理师是做什么的吗？"她低头有点不好意思地看着我，"应该就是心理医生吧，**看心的医生**。"

"那你觉得看心的医生是做什么的呢？"我好奇地探问她小脑袋瓜是怎么想的。"就是把不敢对大人说的话，跟心理医生说吧。"这个答案也让我会心一笑，临床工作总是这样的，不知道会遇到什么样的人，有时接触到儿童的心灵世界，会发现他们的天真、自然、无害、直接，但每次要与孩子讨论死亡的话题时，连我都觉得有些沉重。

我笑着回答她说，"真特别的答案，"继续问，"我可以问问奶奶的事情吗？"她的身体开始紧绷，沉默不语，眼里噙着泪，低头不敢直视我。气氛冻结了一会儿，我说，"我知道你听到奶奶病了有点不知道怎么办吧？"她轻轻地点了点头。

得到她同意后，我才继续问她跟奶奶间的关系。原来这小女孩每个周末连续两天都会跟她心爱的奶奶一起吃饭、一起睡觉，这是属于她们家族间的习惯，奶奶常煮她喜欢吃的菜，对她特别好，是她最喜爱的人之一。

当她慢慢愿意跟我说话，也对环境比较信任后，我表示理解她喜欢奶奶的心情，"不过看着自己喜欢的奶奶好像生病了，也不知道怎么办吧？"接着问她陪伴奶奶的时候，都看见奶奶什么样子？她回答说，"奶奶大部分时间都在睡觉，眼睛都是闭着的，所以也不知道怎么跟她说话。"

"那我偷偷问你喔，你会想要在旁边跟奶奶说话吗？"一般得到的回答是肯定的，"嗯！想跟奶奶说话。"不过大人都在旁边，其实很难让儿童主动去做什么，所以我建议大人也要给儿童一些与病人的私人互动空间。

"你有什么话或什么事情还没有跟奶奶说的呢？"沉默了几秒后，原本还能强忍泪水的小女孩开始泣不成声，约花了一分钟才哽咽着将下面的话说完："本来我要写卡片给奶奶的，但是因为奶奶突然住院，我还没有来得及做。我很想跟奶奶说：'**奶奶，人都会死掉，没有关系……但是一定要请你放心……**（哽咽）我知道你在天上会看着我们，我们会照顾好自己，然后我一定会记得想你。'"她的泪水稀哩哗啦地掉下来，我在一旁也不禁泪崩，即使一开始有心理准备了，但还是忍不住心疼。

接着，我问女孩，有没有养宠物的经验？**儿童若有一些这方面的经验，比方遇到宠物死亡，会比较容易理解死亡这件事情。**小女孩说她有一只心爱的黄金猎犬，已经很老了，小女孩明白这只狗狗有一天也会离开。她接着说，爸爸妈妈一开始都没有跟她提过奶奶的事情，奶奶就突然住院，她不明白怎么突然就变成这样了。

我花了一些时间去了解小女孩对于死亡的想像。小女孩认为死掉就是"去天上"，认为去天上的人依然存在着。了解到小女孩对于死亡的世界是这样理解，就能理解小女孩是可以接受奶奶生病离开的。于是，我再问，"你猜到奶奶即将离开了吧？"小女孩点点头，泪水没停过，"因为奶奶一直睡，都不起来。医生、爸爸妈妈说可以跟奶奶说话，可是我怕我说了就会哭，所以我不敢接近奶奶。"

原来是因为这关系，并不是因为害怕奶奶变瘦的样子。

最后，我都会问孩子，想要做什么给病人呢？"我想要做手工给奶奶。"小女孩带着肯定的眼神说着，眼角的泪痕终于慢慢淡化。于是我跟她说，"下一次我们再来谈你跟奶奶说的话喔。"

事后，这家人顺利地与她们心爱的母亲（奶奶）道别，也从家属的口中了解到小女孩在会谈后，就开始做手工放在奶奶床头。我想，在天上的奶奶，应该收到了小女孩这一份又一份的真挚想念吧。

•心理师的临床笔记•

儿童的悲伤出口

有时是这样的，大人们理解到小孩也有悲伤的情绪，但可能难以开口，尤其是不知道该从哪里讲起。小孩是敏感的，当发现大人也会难过时，会有一种"这种时候或许不允许难过吧，否则大家会更伤心"的心理，也不敢把悲伤表达出来。

身为一个人，不论儿童或大人，总会想要为所爱的人做些什么，这是爱的心意。而一个体贴懂事的小孩也会有这样的心意，知道爱一个人总是会为彼此做些什么，所以，当面对死亡时，体贴懂事的小孩会先选择强忍悲伤。

其实很多事情都不知道怎么问大人，对小孩而言，只知道大人生病了，他们看见那个可能随时随地会离开的大人，只知道有可能以后看不到了。前面提到，了解死亡就等于真正离开这一事实的儿童约在九岁，这时就可明白逝去的人，是会永远离开的。

小孩相信些什么，取决于家人如何告知死亡，这个小女孩相信奶奶上了天堂，也是另外一种存在。建议**大人们可以用一些生命绘本或是以宠物的离开，来跟孩子讨论死亡**。当我们大人自身正在经历悲伤时，若难说出口，又想要关心孩子的悲伤反应时，可以让孩子觉得"允许悲伤的态度"，孩子会经由陪伴慢慢说出来的。

母女间的相处难题

妈，我想在你离去前，学着和你和平相处

"我的家庭真可爱，整洁美满又安康，姊妹兄弟很和气，父母都慈祥……"这首耳熟能详的歌貌似是大家的生活写照，但现实中并不全是美好，家人间有对彼此的期待，或掺杂着上一代的故事，总是很难两全。

从小在纽约上学，并留在纽约工作的小C，剪着利落的短发，在时尚业已有一番成就。她母亲一年前被诊断出大肠癌第四期，已经转移到多个器官。她时常台湾／纽约两地跑，家里虽然有哥哥愿意照顾，但是她也想要弥补过去没有陪伴母亲的日子，却遇到一个心理难题：如何与母亲相处。

母亲是一位标准传统文化家庭的女性，小C则长期在西方国家生长，两者沟通模式一直很不同。小C的主导性也较强，让母亲觉得很有压力，她们的和平状态是建立在远距离美感，距离只要稍微近一些，双方都会感到巨大的压力。

小C找我心理咨询，带着强烈的目的性，她急切地说，"心理师，我觉得我母亲已经是癌症末期，医生也提到治疗效果不佳，这样的相处品质让彼此都喘不过气来，我想要改变自己，让母亲安心离开。"她强忍着泪水告诉我。

"我心里真的好不舒服、好难受。"她看着我，用手比着她的胸口。我告诉她，既然现在她改变的动力这么大，与家人的关系是可以慢慢亲近的。我尝试着感知她的无助心情，"我想，你也觉得很挫折吧，明明是自己的家人，却始终不明白到底该如何跟最亲密的家人相处。"其实主动来会谈室的人通常都有无奈的心情，或是遇到挫折，经历过自己不断地努力都失效了，才会选择寻找进一步的帮助。

"你都用怎么样的口吻跟亲爱的家人说话呢？"她有点难启齿，"其实，我知道我的个性很有主见，这点像爸爸，主导性强。"我接着让她思考现在与母亲的沟通方式有哪些状况，她慢慢发现自己并没有尊重母亲的生活习惯，从纽约回来后，都按照自己的方式决定生活，总是不断积极安慰着母亲，告诉母亲要乐观、要正向，可是她的母亲心里却无奈，现在甚至都不想跟她说话了。

我请她想一下，现在母亲的心理需求可能是什么呢？"我想就是内心的一份平静吧！"她这次用平静的语气说着，大概刚经过了一番挣扎与反思。外表看似坚强的她落下泪水，"真的难以想像母亲即将离开，这是我心里很不想面对的事实。"

除了陪伴她，理解她的无力感，也感到她有时候也是很生自己的气。人，即使在关系中是强势的一方，在相处中也常会感到挫折，与家人不好的相处模式更是长期以来的弊病，需要时间慢慢修复，耐心经营，彼此付出。但在这里，可以理解她急着想要与母亲相处好一些的迫切心情。

有次到病房，小C想要帮母亲决定一些事情，包括母亲该吃什么、母亲的情绪……小C没意识到，她正一股脑将自己的焦虑感全都倾倒给卧病在床的母亲。我马上提醒小C自己的焦虑行为，她也立刻领会到自己的某些行为会让身旁的人备感压力。她觉察后，我邀请她们讨论一下现在的沟通方式，点出让彼此不舒服的地方。

母亲表达说，只想要静静走完这段时间，也不想跟女儿再有什么冲突，只期待女儿不要太干涉她的决定，因为这样会很烦；

而小C也想起了要尊重母亲的需求，跟妈妈边哭边道歉。

不过，小C的积极态度也真协助了母亲许多，帮助母亲了解许多院内的资源，让母亲想到问题时能找到正确的地方询问，对此我也肯定了小C的努力。那次以后小C再也没有主动找我了，有次院内巧遇，她说现在相当珍惜与母亲在一起的时间，要给母亲好的陪伴品质。

在家庭成员间若有机会说出彼此的需求，愿意彼此理解，相互的关系是有机会变得更亲密的。面对患癌的病人，建议"学习倾听"，理解眼前人的需求，这个人是你的家人，试着给他做决定的空间，**学习倾听多于给予积极建议**，也要注意自己有没有焦虑的情绪而影响到病人。当家人还没有准备好面对自己的疾病时，给予适当的时间，逐步关心病人的需求。

有个永恒不变的道理，**我们在爱的人面前，总是不经意地伤害他而不自觉**。面对挚爱的家庭成员即将死亡的事实，有些人开始思考原有的家庭关系，想要珍惜剩下来的时间，若能有时间调整为好的相处模式，那将是很棒的回忆。

·心理师的临床笔记·

学习了解相关医疗资源

当患癌时，我们能为自己或家人做些什么呢？其实可做的事情非常多，包括协助与医生沟通，协助住院的行政流程事宜与安排，协助搜集有效的资源、卫教手册，或是去认识医院的医疗成员：

● **癌症病人管理师**：在治疗疾病的过程中，病人在面对冲击时，癌症病人管理师可以成为一个重要的医院联系窗口，是病人面对疾病治疗的好伙伴。尤其当病人最初确诊时，一时间不知道如何面对疾病或治疗，病人管理师可提供相关疾病资讯，增加病人对疾病的认知，并协助转介适合的资源。

● **安宁缓和医疗团队**：主要负责末期疾病的照护，可以询问关于疾病末期可能出现的状况，专门做末期疾病良好疼痛控制或照护，以及其他相关咨询服务。

●**心理肿瘤服务**：每间医院提供心理肿瘤服务的方式不同，有些医院提供心理师心理咨询的服务；有些医院则提供身心科的健保门诊。

●**社工师（员）**：欲想了解一些社会资源或是机构的咨询、租借医疗辅具，社工可以提供适当支持。

孩子当菩萨去了

我们给予你完整的爱，不会因为你的离开而消逝

如果可以选择，没有人会选择承受悲伤的遭遇，在一些令人悲痛的人生经历里，总是带着许多爱的渴望与失落。小佑离开后，故事再被叙说的时候，不再是"一家三口，如今少了一口"的遗憾感受，而是有爱的日子一直都在，只是在不同的地方各自幸福着。

有一对幸福夫妻，在不到一年的时间内失去孩子，悲痛了半年，这份失落情绪依然持续影响着他们的生活，所以主动前来预约会谈。

过去，他们一家三口过着幸福又平凡的日子。孩子小佑十五岁时，有一天突然右半侧麻痹，这带给夫妻俩重重一击。在第一家医院就医，并没有被诊断出来，症状反复出现后，内心更是焦急，他们到处奔波，只期待这孩子能早日找到病因并获得正确治疗。最终找到原因，诊断为罕见的脑瘤疾病。

在治疗过程中，小佑因不想让父母担心，有时甚至会说些笑话，制造欢乐气氛。后来，病程渐趋恶化到不能行走时，小佑亲口告诉父母，"我真的觉得我已经很幸运了，活了十五年，以前都是健健康康的孩子，所以你们不要再为了我而伤心。"

不论小佑最后怎么说，作为父母的心里仍满是自责，"如果早两个月诊断出来会不会有所不同？是不是我的孩子就不会这样子了？"在小佑离开后，他们仍陷于这样的自我诘难中。这些提问反映的是父母内心深处的声音，我不想失去孩子。但每天他们却不得不面对这已无法挽回的现实。

"小佑一直是我们夫妻间很棒的润滑剂，他的天真、乐观，总是能为家里带来欢笑，有这孩子在就有笑声，这孩子……这孩子……"这对夫妻边流泪边说着关于小佑的种种回忆，听得出来满满的不舍，"我好希望他还在！"他们异口同声说出这几个字。

理解他们的悲恸后，我先陪着他们回忆孩子的点滴，一边评估、一边陪伴、一边了解是我工作中很熟悉的一部分。我想，一段重大失落事件，想必旁人也不太敢在他们面前提及，以免触碰这巨大的痛，但他们在这会谈室里可以尽情地谈，在谈的同时，我也理解他们在一年内失去这孩子有多难舍。

"我们跟这孩子的心链接是很紧密的，常常一起分享生活中大大小小的快乐与难过，我们过得相当幸福，为什么这件事情会发生在我们身上……"在人生的遭遇里，有些是自己能决定的，而有些是再努力都无法抗拒的。这就是人最渺小之处。

有些人相信"轮回"的概念，认为这些难题就是今生要去面对的、该还的债。每人面对人生遭遇时，有一套内在的信仰，也许是一直以来的信念，也许是一个信仰体系，没有所谓的绝对。

随着会谈的深入，这对夫妻的情绪逐渐有了出口，在某次会谈时，我问他们："你们现在怎么理解这件事情发生在自己的身上呢？"母亲已经能控制情绪了，"其实小佑还小的时候，因缘际会之下曾遇到过一个自称师姐的人，她看见我白白胖胖的孩子就说，小佑是菩萨转世，是来给我们修行的。后来，这也是我们夫妻的共识。"

"其实从小佑卧床到意识开始混乱，最后我们真的觉得不要让他再这样痛苦下去了。我们很珍惜后来的日子，虽然备感压力，但也真的从心底相信他是当菩萨去了。最后也因安宁缓和医疗团队的介入，我们一直都在向孩子好好地告别，也因为这个团队，让我们觉得孩子**最后像个人被对待，这是感觉很欣慰的地方。"**

至今已经两年了，现在的他们依然很想念小佑，但已能慢慢接纳这个生命中的缺憾，当故事再被叙说的时候，不再只是"一家三口，如今少了一口"，**而是幸福的日子一直都在，只是在不同的地方各自幸福着。**

而小佑的牌位也立在"最疼爱这孩子的爷爷旁"，两夫妻都相信这孩子在天上也会受到很好的照顾。而我也相信，这个孩子是在完整的爱之下离开的，这份爱不会因为他的离开而消逝。

·心理师的临床笔记·

面临哀伤的悲伤表现

亲爱的，人在面临哀伤时，从情绪、生理、认知、行为各方面都会表现出来，不论你身为丧亲家属或是相关亲属朋友，都建议多了解一些心理卫生知识，让这些知识帮助你辨识哀伤的状况，给予自己或家属最好的心理照顾。

● **情绪的悲伤表现：**这时候可能内在会有很悲哀的感受，有时会以哭泣方式表现，而愤怒、自责、焦虑、苦念、解脱感、麻木、无助、疲倦、惊吓这些都是有可能出现的情绪表现。

● **生理的悲伤表现：**胃部空虚、胸部紧绷、喉咙发紧；对声音较敏感、缺乏精力、呼吸窒息、肌肉软弱无力等状况。

● **认知的悲伤表现：**可能会不相信逝者已离开，为此感到困惑，或沉迷于对逝者的思念，感到逝者仍存在，或是产生幻觉等现象。

● **行为的悲伤表现：**失眠、食欲障碍（包括过度进食或拒食），当这些情绪或症状已经明显困扰半年以上，并发现悲伤反应未随着时间流逝而好转时，则建议寻求身心科医生或心理师会谈。

失去孩子的母亲节

我们避而不谈，但始终都为了对方努力着，无论生死

随着癌症心理的临床工作做得越久，越可以看见各种家庭间的互动。有些家庭可以开放地谈论疾病病程，一起安排后事，有些则不忍所爱的人承受痛苦，担心冲击力太强，而选择对病人隐瞒病情并独自承受所有……

大部分病人到了疾病持续进展时，其实都能从细微的身体变化，了解到身体撑不下去的事实，但是当身旁亲友选择隐瞒病情时，疾病的进展就成了双方都有默契避而不谈的话题。

一位母亲满腹焦急地在门诊找主治医生，拜托医生救救她的

孩子。几周前，刚二十三岁的小安被诊断出肝癌末期，从小他俩相依为命，父亲很早就离开再组新家，而小安也非常孝顺，从小就懂得保护母亲。

与这二十三岁的病人第一次会谈，是因为主治医生感叹年轻患癌，评估治疗效果可能不会好，而且母亲还"特别交代"要对病人隐瞒病情。主治医生担心这位母亲未来可能承受不住打击，所以请心理师过去。

一走到床边，就可以看到母亲正无微不至地照顾着小安。轻声细语地询问有没有哪里不舒服，帮他擦擦冷汗；问他有没有胃口，想不想吃点东西；今天身体感觉有没有好一点？还缺什么吗？……这一切都令人揪心，因为小安的病程一直在恶化。稍微了解了小安的睡眠状况、心理调适情况，征得同意后开始跟小安单独聊天。

"你现在还好吗，有没有比较担心的？"他知道我是心理师后直接说："我担心的只有家母，身体的状况我自己知道不行了，**但我每天都为了母亲在努力**。"我对他表示理解，也询问他打算怎么做，"既然母亲还是抱着希望，我觉得我好像也该努力，看着母亲难过……我心里也很难受。"他低头沉默了一段时间，我陪着他慢慢讨论疾病调适的状况。他认为既然已经遇到了，也只好接受，后续的一些心愿、想法，他不忍与母亲讨论，

"我说了只会伤她的心，"他缓缓地说。

进一步询问他和母亲以前的互动关系，他与母亲关系很好，但他从来都不觉得自己是个快乐的人，心里总是闷闷的，内心有时会有一种缺憾感，觉得人活着是辛苦的。小时候看母亲因父亲的离开很受伤，"很辛苦地独自赚钱养我，我一直想，长大后要拼命赚大钱，让母亲过好一点的生活。"

从一个二十三岁的年轻人口中听到"人活着就是比较辛苦"，连我都感到痛楚，但那就是他的人生体验。即便我知道他想要保护母亲的心情，我也必须让他明白，过去的这些苦会随着环境和心理调适慢慢纾解开来，而不是在生病时也继续用此方式过日子。

我追问，"真的不想跟母亲讨论你的疾病状况啊？"他的答案还是一样。到这儿，我大概了解主治医生找我的原因了，这对母子间对于疾病没有任何沟通，小安知道母亲怕他难过，承受不住打击，理解母亲的好意；母亲在小安住院期间，全力以赴地照顾，包括隐藏自己的悲伤及痛苦，想哭却不能在孩子面前哭，看着自己孩子骨瘦如柴的样子，也只能跑到会客室调整呼吸，吞回泪水，在人前只表达出正向的力量。

"我只有这个孩子，我没有了他也不知道怎么办了，心理师拜托你也不要跟小安说他的病情，我怕他知道了会担心。"我除了心理支持之外，提醒母亲要照顾自己的身体，也稍微鼓励母亲除了隐瞒病情这件事情，还是要试着跟孩子讨论一下孩子想做的事情或是想要交代的事情。

母亲还是选择对小安隐瞒病情。现在小安也不会主动询问病情了，不过他持续对母亲表达，"不论后面我的疾病预后如何，你都要好好照顾自己，这样就算我最后真的走了，才会放心地离去。"

一个月后，小安在五月的第二个星期日，也就是母亲节当天离开，主治医生说他母亲在病床旁看似很冷静，但可以感受到她心里庞大得无以名状的悲伤。

后事处理告一段落后，母亲主动来找我心理咨询，她的第一句话是，"我常常在想，当初是不是没有隐瞒病情会比较好？因为这样，我才比较有机会知道自己孩子的心愿及心声？"

·心理师的临床笔记·

该隐瞒病情吗?

是否该隐瞒病情呢，这个问题常常被家属询问，通常我是这样回答的：亲爱的家属，其实在临床经验中我发现隐瞒病情并不是最好的选择。在理智的层面上，病人有权利了解自己的病情，从感性的层面来看，这样做决定一定是有更多的考虑，比方大部分的家属考虑的是担心病人不能承受，日后会采取不治疗的方式而延误病情。这常发生在最初诊断为癌症时，就已经选择隐瞒病情。

另一种情况则是"隐一半"的病情，也就是让病人了解到是癌症，但是当疾病进展时，比如药物治疗的效果不好，或是手术切除肿瘤后发现期别更晚，这都会使家属考虑是否该隐瞒病情。

我可以理解家属所担心的状况，不过还是建议采取慢慢说的方式，让病人了解疾病的进展。如果病人最近有多重压力，或是一直以来都有相关的身心疾病史，那建议跟专业的心理咨询人员讨论用哪些方法说会比较适当。我最终还是主张说的，唯有让病人知道自己的身体情形，病人才能做心理调适，也才能做出对自己最有尊严的选择，也唯有不隐瞒病情，医疗上的照护团队才能给予更好的心理照护。

被无法停止的想念吞没

认识三十年、结婚二十年，叫我如何用一年的时间忘了你

"只要我一提到，他们就说她都离开了，叫我不要难过、不要再想了，但我真的很想她、很爱她，怎么可能不去想？做了二十年的夫妻，认识三十年，我常跟她说，'你是我生命中非常重要的女人'……"是的，面对爱人的离去，怎么可能不想念？

　　一位男性带着倦容、头发凌乱不堪地来到会谈室，一看面容就知道他没有睡好，他的夫人孟璇刚过世一个月，现在的他，每晚都痛苦地看着妻子的生活照，而我也曾跟他的夫人会谈过。

　　我能理解他眼神中的悲伤，"最近你都怎么过日子呢？"他

低声无力地说："有一餐没一餐的，大概就是所谓的'行尸走肉'吧。"

时间回到一年前。一开始孟璇被诊断为肝癌，他总是无微不至地照顾她，治疗期间，他也会在一旁紧张地交代护理人员对他老婆温柔一些，旁人都感受得到这对夫妻鹣鲽情深，平常可以说是形影不离。

我曾被请去安抚主要照顾者的疲惫，有时往返于医院其他部门时，会在附近的公园看见他陪着孟璇散步晒太阳的身影，当时这幕曾触动我，一方面替孟璇感到欣慰，另一方面也担心，如果病情治疗不顺利，那他该怎么过下去呢？心底冒出这样的担心。

孟璇过世一个月后，他主动来到心理会谈室，哭得泣不成声，说着自己再度进到这间医院有多痛，他说"我觉得自己真的活得很没意义"，所以找我会谈。"我当然明白，我看过你们相处的模样。"当下，我不是要先让他忘记悲伤，悲伤在这个时候还无法被淡化，我说，"可能要让你失望的是，**没有一种药可以让你不去想念。**"

他告诉我，孟璇一直给他很安稳的力量，"我整个家都交给她了。"有时陪伴着眼前的病人叙说他们与亲人的互动很重要，因为身旁的人不会再轻易地提起已逝者。"继续谈孟璇吧，我想她离开后，身旁没有人跟你重新讨论过她。"

"对啊，身旁的人都觉得她已经离开了，每次我要提，他们只叫我不要难过，也不要再想，但我真的很想念她，也真的很爱她，怎么可能不想念？"我们那天专注地谈孟璇，我说，"你好幸运，能感受到孟璇给你的爱，她的存在不但让你安心，也减少了你心里的失落感"。他不好意思地告诉我，"没错，我们做了二十年的夫妻，认识三十年，我常跟她说：'你是我生命中非常重要的女人'，然后她都直接说'别说那些，快去做事'。"讲这段的时候，他眼神传达了他们曾经互动的幸福感受。

　　他当时还处在深深的悲伤中，复原需要时间，于是我建议，"再来谈谈你跟孟璇连系的方式吧！"让咨询者与已逝者保持连结相当重要。**每个人都有属于自己与已逝者连结的方式，唯有通过这种方式，让他们感受到已逝者的存在，虽然看不见、摸不着，但想像与已逝者的连系，会慢慢做好悲伤心理调适，在心理层面具有重要意义。**

　　他哽咽地说，现在每晚都会看着太太的照片说话，都说，"你交代的事情，以前要我改的、对我好的，我都会尽力做到。"我问，"假设太太在这间会谈室，出现在眼前，你想跟她说什么呢？"他想都没想就说，"孟璇，我真的好想你！"然后不可抑止地流下两行泪。

　　这间会谈室里，正充满对另外一个世界的思念，但这个充满爱的地方，还是需要转回到现实的生活，于是我对他说，"不如把你对孟璇的爱，试着慢慢转向好好过日子吧。你的生活现在完全失去平衡了。"后来我们持续了十二次的会谈，他在生活中已经慢慢恢复了照顾自己的能力。

半年后，他因感冒至院内就诊，看见他与之前不修边幅的模样有了很大变化，我跟他打了声招呼主动关心，"现在一切都还好吗？"他点头肯定，用眼神表达了感谢，"只是还是会想她。"

"以你们的情分，事情才过了一年，当然还是会继续想念她，记得维持生活的平衡就好。" 此时，刚好诊室叫到号，看见他进入诊室前，嘴角有了一抹微笑。

·心理师的临床笔记·

关于失落悲伤的双轨模式

在讨论"失落"这课题的心理学范畴里，有一个双轨历程模式（dual process model，DPM）理论，分成两个导向：

● **失落导向**：一直重复想失落的事情、难过的画面，甚至沉浸在失去的情绪里。

● **复原导向**：尝试压抑悲伤，也会感觉自己好一些，可能通过转移注意力的方式避免让悲伤的情绪干扰自己的生活。

这个理论在说明，**大部分的人，皆会在这两个历程之间不断徘徊，同时也会在失落与复原导向之间来回摆荡。**因此，失去的人有时候会突然觉得自己有一段时间很难过，但有时又会觉得自己还可以胜任日常的生活，像是"觉得自己调适好了悲伤，但又有时沉浸在悲伤之中，难以忘怀"的感受。在这两者间来回摆荡，其实这是正常的。

所以在陪伴一个人经历哀伤时，若发现被陪伴者失去了这个平衡时，可以给予适当的关怀，比如：当一个人丧偶后，将注意力全心放在工作时，可以辨识出他这时可能需要适当地表现悲伤，需要主动陪伴谈论；但若是全部生活重心都放在沉浸悲伤里，就该主动关怀生活的实际面，当然找心理专业人员做悲伤治疗也是可以的。

再说一次当初的承诺

在有限的生命里，唤起彼此爱的能力，是我们共同的学习课题

热恋时的誓言往往会随着时间而淡忘，许多人婚后不久就处于"婚内失恋"的状态，无法回应彼此的需求。但在心理肿瘤学的临床经验里，比较容易看到珍惜彼此，如同婚姻誓言中"我愿意陪你一辈子"的场景。而这份结婚时信誓旦旦的诺言，若能再说一次，则可能像是施了魔法般，解开彼此心结。

故事中的男主角阿滨，个性耿直，富有男子气概，受到传统

家庭教育的影响，情绪上来也相当火爆。女主角小芸则是个单纯就事论事的人，但同样是受传统文化思维的影响，认为女人就该为了孩子忍气吞声。

原本两人的关系是小芸对阿滨失望透顶，半年前，小芸被诊断卵巢癌末期，吵架仍是不断，夫妻俩翻旧帐的能力和许多夫妻一样强韧，从绿豆大的事情爆发吵成大问题，如同每对亲密关系都有各自的地雷点与自动化翻旧帐的机制，他们吵闹的"盛况"大概会让路人觉得两人已无情分。

他们总是先在病房吵架后被转介心理师，因为每次吵架后，小芸的心情就会相当低落，所以主治医生找了我。到病房访视了解情况后，听小芸说着如何带着失望的心情面对这段十五年以上的婚姻，甚至说了一些情绪话语，"因为有了不愉快的婚姻，所以在高压情绪下才患癌的。"小芸甚至继续当面质问阿滨，"你真的觉得患癌跟心情没有关系吗？"

虽然目前研究上没有出现足够大量的讯息说明患癌与情绪一定是正相关，但至少可以确定压力的确会造成身心症状，这类相关研究是有的，我内心这样想着。

不过，她现在只是想要责怪先生带来不幸，这个答案对她也不重要。当一个人内心想要发泄情绪时，这或许就是她当下唯一全心全意想做的事吧，给她空间先听听她说什么，先倾听再评估，先真正理解，才能用心理治疗、专业助人。

生病时的小芸最讨厌来医院，每次来医院治疗时，就要重复一次责怪的模式，把婚姻中受的苦一次全部灌给阿滨，接着告诉我，"我这样子了，他也不让让我，还要一直跟我争，那离婚好了。"这时，阿滨也会意气用事地说，"好啊，离婚就离婚！"小芸听到后，声音颤抖着说："心理师，你看他这样说，我不要继续治疗下去，死了算了。"这样的情况持续了两个月，每次找我，我就知道他们又吵架了。

直到有一次，我问，"什么原因让你们吵成这样，还想要一直在一起？"阿滨想了很久，先开口了，"我感觉到自己很爱她，也愿意陪她一起面对治疗，而且不违反当初的承诺。当初的誓言，我愿意再说一次。"我看向小芸，她眼泪滴滴答答掉了下来，"谢谢你没有抛弃我。"看见他们互相告白，见证了这浪漫时刻，自从那次后，已经不会因他们吵架而来找我了。

"坦白说，我也不知道为什么，患癌后，我们感情反而变好了，很多事情我也想得比较开了。其实我相当感谢他没有抛弃我，这倒是当初他跟我讲的誓言。"那次之后，有发生什么事情吗？"每次跟你谈完，回去我都想很久，其实我也不知道自己还剩多久时间，毕竟末期了，我想他没有抛弃我，实现当初结婚的誓言，过去的事就让它过去吧，现在只想好好照顾孩子与专心治疗，其他的似乎多想也没有用了。"

阿滨再说一次的誓言：

"现在看你身体这样，我希望接下来的日子能好好对你。我尽量赚钱，让你不要担心医疗费用。"小芸很不好意思，又笑又哭说，"好啦，我原谅你了，不要再说了，这样我会哭得很丑。"我微微笑着作他们的见证人，再次听着这段给彼此的甜蜜誓言。他们先后轻喊我名字感谢我的帮忙，并异口同声说，他们觉得好多了，可以好好相处而不感到痛苦了。

的确，对许多人来说，婚姻的状况可能就如同这对夫妻，整日"吵吵闹闹"，往往等到发生大事时，才懂得珍惜彼此，并在生命的最后时日里，重新检视彼此关系。而这个有点吵闹也有点可爱的故事也告诉我们，**在彼此无助时，夫妻间愿意再次承诺并细心陪伴，两颗心将会更亲密。**

两次见证他们誓言的我，在心里一直祝福着他们。

•心理师的临床笔记•

患癌夫妻的共同课题

夫妻在共同面对患癌这件事情时，双方皆会有很大的压力，尤其是癌症者心理尚在调适期，彼此都需要内在有个"成熟大人"的情绪状态。原本的相处方式在此时需要检视及调整，这样的调整，一开始可能是困难的，建议互相邀请"我陪你解决问题，理解你的情绪，一起看如何配合彼此，对我们来说会比较好"。**安抚对方情绪并做出适当的界线，讨论接下来的生活分配及分工，会是更实际的做法。**如果重复循环的模式不良，也建议找心理相关专业人员做婚姻咨询。

精神分析心理学家佛洛姆曾说："爱的首要意义是给予，也就是一个人把他拥有物之中最珍贵的生命，给予出去，充裕他人，而给予本身就是极大的喜悦，意味着使他人也成为给予者……**爱是一种唤起爱的能力。**"

当夫妻选择共同面对患癌这件事，在有限的生命里，可以从给予中感受喜悦，唤起彼此爱的能力，是夫妻间共同的学习课题。

我甘愿照顾你，但也需要喘息

我答应过会陪你走到最后，我就会做到，只是我也会累……

若非身在其中，外人难以理解身为一个照顾者会多么疲惫，即使甘愿照顾，身心压力也是庞大无比的。所以面对家人生病需要照顾，通常我会直接建议：让主要照顾者得到适当休息，才能有最佳照顾品质。

一位爷爷因照顾奶奶而非常辛苦，两人都近八十岁，爷爷体力也有限，每日来医院都踏着沉重的步伐，眼睛满是血丝。临床照护人员看着这快被压垮的背影心有不忍，于是来请心理师，期待能给爷爷情绪上的心理支持。

我去病房邀请爷爷一同前往会谈室单独聊聊，先是稍微关心一下爷爷身体的疲惫状况，爷爷用外省腔调说，"当然累呀，但我愿意照顾她呀，这是我应该做的，而且她非常需要我，如果我不在旁边，她会生气的。虽然很有压力，但这是我该做的事情，我也会尽力去做，只要身体还行，我就会来。"

　　开全体医疗会议时，我知道奶奶的癌症病情在持续恶化中。从爷爷的口中得知，奶奶知道将不久于人世，会有焦虑、担心、恐惧的情绪，爷爷说，"人到最后都是会离开的，只是可不可以好走而已，我心也痛，不过该走还是要走的，这是必须面对的事。"

　　我继续听着爷爷想表达的，"我都跟她说不要担心后面的事情，她就是个性比较容易担心，担心孩子，担心家里。我也希望她能放下，让她放心，这样也走得比较平静。"爷爷是家里主要的照顾者，虽然疲惫，但爷爷是个重承诺与责任的人，爷爷说奶奶个性比较固执，所以想要一直活下去，不想放弃。爷爷说到这段时热泪盈眶，"她都已经病成这样，还对我说想活下去，我心里真不好受。"

　　当看见自己的家人拼命地努力活着，但身体又每况愈下时，总是特别令人心酸。我试着了解爷爷怎么纾解压力，爷爷说，"哭呀！也就只能用哭的方法发泄，不然我怎么办啊，我来医院时不会哭，但回家想起来都是难过的，哭一哭会好一点儿。来你这边稍微抒发一下也好。"爷爷说他没有办法睡好，吃不下饭，虽然照顾得很辛苦，但奶奶坚持不要找看护照顾。

爷爷虽不到忧郁症的程度，也可说是身心俱疲了，但两老的孩子们都在国外工作，"我也不想他们担心或放下工作，他们已经有来看了，我知道我自己必须要撑着。"爷爷直接这样告诉我。

其实，爷爷这时也不需要别人帮他想办法，我能做的就是在爷爷照顾奶奶时，做一些心理支持，让爷爷稍微缓解一下他的压力，也评估一下爷爷的悲伤调适状态。

几次下来，爷爷跟我讲了许多关于他们的故事，叙说着过去他俩一起面对的事情，一起分享对于一些事情的遗憾。两老之间无话不谈，年轻时热恋则是另一段浪漫的爱情故事。

爷爷常说，奶奶一直要爷爷跟她说话，"我就陪在她身旁呀，我也要休息的呀，可是她一直吵着要我陪她说话，我压力大呀。"抱怨的背后总有爱的存在，而奶奶虽然没有表现悲伤，但很依赖爷爷，我相信奶奶也知道自己即将离开，**只是难以放下，所以想要努力。**

后来我决定跟奶奶谈谈，想了解奶奶挂在嘴巴上的求生意志，藏在话语后的真正原因，奶奶终于说出了内心深处的担心，

"我担心自己随时离开，而他却不在身边。"我让奶奶知道，"也要适当地让爷爷休息，爷爷才有力气陪你说说话，不然爷爷都睡不好了呢。"

后来，我才告诉爷爷，奶奶对自己身体状况相当清楚，只是体力在下降，也明白自己不得不放下，对于孩子，奶奶其实不担心，奶奶最担心的是你，也担心自己随时离开，没你在身旁。这也是奶奶在离开前想跟爷爷多说说话的原因吧。

这次会谈后，爷爷就没有再抱怨奶奶给他压力，**"我还是会尽力陪她走完最后的日子。"**不过由于爷爷家中没有人轮流照顾，所以我跟奶奶沟通后，一周至少让爷爷在家休息一天，这一天就由护工照顾，奶奶答应了，这才稍微缓和爷爷的照护压力。

爷爷说，"我休息一日就好，这样就没那么累了，我也会继续陪她说说话，我答应过会陪她走到最后，我就会做到。"

·心理师的临床笔记·

照顾者的疲惫

再健康的照顾者，面对长期的看护任务，都会感到疲惫的，不要轻易地指责照顾者，因照顾者本身已压力很大，而应彼此提醒同一家人要互相理解。

当家人面对的是长期照顾，会有角色的转变与任务重新分配，比如：婆婆患癌，由媳妇辞职成为主要照顾者；父亲患癌，由某个孩子成为主要照顾者，而需要暂停工作；母亲患癌，由父亲主要照顾，则父亲可能要同时面对工作及照顾的平衡。这时建议家人间彼此沟通与讨论，协商轮流照顾的时间，有没有可能请看护，或是进一步接受短期服务照顾，这些都可向院内的护工询问相关资源或建议。

想帮孩子梳头发到长大的母亲

持续每日早晨帮你梳洗的日常，是我最后的心愿

"我只要一想到女儿才十二岁，不知道可以帮她梳头发到什么时候，心里就会抽痛，非常难过。"这是身为一位母亲最大的心愿，亲眼看着儿女健康长大。然而，癌症第四期让她不得不做出最坏的打算。

病房访视咨询也是提升肿瘤病人心理照护的一种方式，尤其对于住院化学治疗的病人来说，了解化疗副作用对心理的影响相当重要。

"心理师，你来了啊。"文玲轻轻坐起，谈话的五十分钟

里，她因化学治疗反应边拿着塑胶袋边干呕边跟我谈话。"你若想要休息没有关系，不需要勉强跟我会谈的。"看到这样的景象，我相当心疼。不过，她还是坚持起身会谈。

一位没有遗传疾病、饮食也算正常的女性被诊断大肠癌第四期，从一开始诊断时，她知道有心理师的服务，就主动预约心理会谈。文玲说她难以接受才四十五岁就患癌，痛苦哽咽着说她对生命还有许多不甘心，也回想过几百次到底过去的饮食习惯出了什么问题会导致大肠癌。

三个月后，文玲认识了其他病友，明白这样继续想下去是没有意义的，所以想要跟我会谈，期待我可以帮助她调适这段日子。会谈虽然需要目标，但她也需要宣泄积压的情绪。

"心理师，你知道吗，我真的很想放弃，我真的做不下去治疗了，一直打化疗不知道要打到什么时候，我打得好累哦。"啜泣声中她继续说，"前几天我带女儿去看《我的少女时代》，我们看得好开心，我女儿笑成那个样子够夸张的，我也跟着开心起来。可是想到我的女儿才十二岁，我不知道可以帮她梳头发到什么时候，一想到这心里就会抽痛，非常难过。"一段话里又是哭又是笑的，但我想这就是身为一位母亲最大的心愿，亲眼看着儿女健康长大。然而，癌症第四期让她不得不做出最坏的打算。

我倾听，让她宣泄一些情绪，这也是人的心理需求，在无助时需要一个对象能放心地尽情述说。文玲说过她不能在家人面前哭泣，因为家人一直叫她不要哭给孩子看，但我理解她所承受的苦，是生命受到威胁时的未知恐惧，看着亲爱的人当然知道该珍惜当下，同时也明白生命就是如此，抗拒也没有用，那种情绪是很复杂的，而**人的情绪往往需要被理解或被听见后才能进一步探索更多，自我调适的力量才会慢慢释出。**

我跟她说，你继续说女儿的部分，我会听，不用担心花我的时间。

"我一被诊断就第四期，说真的活到什么时候我自己都不知道，只知道医生来叫我打化疗我就乖乖配合，你也知道我是很配合的病人吧，很爱看癌指数上升还是下降……现在我每天都很努力把握早起陪女儿梳洗准备上学的时刻，她喜欢我帮她梳头发，我就帮她梳，她很乖知道我生病，尽量不让我担心，功课也都会自己写完，但我真的是放心不下她。"

接着她又说，"你知道吗，我真的觉得我算是很年轻，为什么是我？看别人四十多岁的身体都很健康，到现在治疗一年了，也还是很难相信这件事发生在我身上。想到以后不能帮女儿梳头，甚至我可能活不到她出嫁的时候，无法参与她的未来，我就很自责，觉得自己不是个好妈妈。"

我告诉她，"其实你也很清楚，你已尽力做个好母亲，但仅管如此脑子还是一直想到死亡可能即将到来，这让你很不能接受。"

"是啊，真的难以接受可能要死亡这件事情。我已经很努力把握跟家人的相处时光，不过我还是放心不下，可能是因为我觉得我先生比较不会照顾人吧。他个性木讷，比较不会回应女儿的需求，所以我觉得女儿若没有妈妈照顾，未来可能会很糟糕。"

"我理解你觉得不能参与女儿的未来会感到遗憾，尤其听到你说不能帮她梳头发就令我鼻酸。但，我多次听到你似乎也担心先生没有能力照顾好女儿？这点你一直没有告诉家人吗？"文玲想了想说，"谢谢你让我知道也要跟先生讨论这个问题，其实我自己也要调整跟先生的沟通状况。"

"若你想要试试看，这也很好啊，至少我听到一件事情：你现在自己心里的目标是珍惜你与女儿、其他家庭成员相处的时间，而且我觉得你会越做越好。"我鼓励着她。

我也关心她的身体状况，特别是化学治疗的呕吐反应，"其实也习惯了，虽然吐的时候真的会不舒服，但熬一下就过去了。谢谢你来跟我谈，下次也一样，我来打化疗时，你来吗？"

"你下次打化学治疗住院时，我会来的。"这是我与文玲的约定，她曾提到治疗副作用所引发的痛苦，说自己是个焦虑的人，不想在家人面前展露这么多的难过，这些情绪唯有在我面前才能放心表达。**唯有陪伴着她一一去解开焦虑背后的原因，专注她想做的，她才能找回一点生活的控制感。**

·心理师的临床笔记·

最佳的陪伴态度

如何陪伴患癌的人，这是常常被问的问题。癌症这个疾病特性的确会考验人面对"未知"的心理素质，但毕竟我们只是凡人，打化疗的痛苦、好不容易才能忍受相关副作用，谁能不孤单、不挫折？

许多人听到亲友患癌，除了感到对生命威胁之外，也会开始关注与病人的关系，亲友常常不知道该怎么办，其实只**要理解治疗这条路很辛苦、很孤单，采取陪伴方式，就是最佳的态度。**

临床常听到家属对病人说，"唉呦，你不要想太多"，其实不见得会有预期中的安慰效果。也有文献指出，患癌期别即使是初期也是有焦虑困扰的，所以建议家人陪伴时尽量别说，"因为你不是末期，所以不用担心"，这些话语可能会让病人觉得未被理解，而影响陪伴品质。

退役的无敌铁金刚

我一辈子都在为家人付出，现在我也该为自己付出了

许多病人心理咨询后，尤其是女性，常会有种特别的现象，不断地投入艺术创作，也许是绘画、音乐或其他，并发展出对生命的热爱。究其原因，也许是潜意识开启后，与真实的自我相遇，进而更喜爱自己。

有位女性癌症病人，我见证了她对生命的热爱，用源源不绝的创造力与生命力展现。不过她在一开始来会谈时，是带着精神科医生所诊断的忧郁症证明的。

阿蕙是一位约五十岁的女性，罹患卵巢癌第二期时来找我，

她闷闷不乐，而且已经长达一年左右，以前还会固定与儿女年度出游，后来也没有什么兴趣了，在一楼庭院前种的那些花草，现在也都不太想照顾它们了。

她几乎前半年都在思考"为何我得了这个疾病"，我看着她，理解她的无力感与对生命的疲倦感，而她反复叹气说，"医生说我得了忧郁症。"搜集资料后，发现她过去是没有任何身心科疾病史的，这次患癌而反复入院的治疗及其副作用，让她有种身心没力气的感觉。这一部分来自她**重复的认知**，就好像我们有时候也会钻牛角尖一样，会不断回想过去，不断地想，想到时间也过了，然后身心也累了、倦了。

阿蕙拥有一个美满幸福的家庭，气氛其乐融融，没有经济压力，孩子成熟孝顺，更棒的是有个好丈夫很照顾她的情绪。不过人处于其中，往往很难看清身旁的资源或情感支持，而是一直钻、一直钻，对生命不满的状态就会慢慢浮现，但却找不到原因，虽然心里会想"不要再这样下去了"，但还是有淡淡的哀伤在心中的角落发芽。

"发生了什么事情呢？患癌后，你变得与过去截然不同。"我好奇地问她，试着多了解她一些。"我也说不出个所以然，总之我觉得过得不快乐，虽然身旁的人都叫我不要想太多，但还是没办法……我患癌后，发现什么都不对了，也觉得自己很没有用，家人以前很依赖我，现在反过来，好像我是他们的负担一样。"

我理解她的心情，原来一部分是因为丧失了对自己原有的认同，这也难怪，毕竟生活产生这样大的改变，以前是"**无敌铁金刚**"的家庭照顾者，现在却反过来"被照顾"，对于这样的家庭角色对调相当不习惯。

在中年的女性病人中，这是满常见的心理困境，她们善于付出，一生都在为家人努力，但治疗期间无法像过去那样照顾他人，就会出现"我没有用了"的感受，怀疑自己现阶段存在的意义。加上身体疲惫也提不起劲做家事，内在会有蛮大的失落感，那是种生命中的定位游移了、难以言语的感受，足以让她们心性发生转变。

做阿蕙的心理工作，除了谈话，有时也会**应用艺术治疗，让她能通过视觉心像，更了解自己的内在状态**。每次与她会谈，我会给她一张全开的白纸及粉腊笔、彩色笔、色铅笔，让她自由运用发挥。她一开始不知道怎么画，告诉她创作是没有评价的，可以安心创作，她开始期待每次的会谈。她的画作里总有与大自然连结的象征意义，有次是缤纷的花叶覆盖住她的脸庞，"身体被大自然疗愈的状态"是她的注解。

她回家后也会创作，并主动跟我分享她的作品，甚至还会为了创作，请先生带她去户外走走，吸取灵感来源。这样的心灵感受让她相当满足，"我好像与大自然融合在一起了，不过也同时有感于人类的渺小"，这是她认知的扩充方法，不再局限，心里变得比较有空间，不再只有满满的失落。

我看见阿蕙在创作中慢慢地疗愈一直以来的失落感，对疾病也渐渐能理解接纳。后来的她，在会谈室里的笑容增加了许多，在半年后的心理咨询以及定期回身心科门诊，忧郁症状也都没有了。

最美的艺术作品，不论是建筑、画作、歌剧，都有个很重要的共同点——空间，**把心比喻成一个艺术作品来检视存在的价值，会发现心也需要"空间"这个元素。**

有次阿蕙回门诊做癌症追踪时，分享她参加基金会手绘创作的比赛，说的时候脸上神采奕奕，挂着满满喜悦的笑容。而我见证了她这段成长与转变的历程，也由衷地替她开心。

•心理师的临床笔记•

"心"的自我照顾

在疾病治疗期间，病人可能随着患癌的心理压力及合并其他压力而罹患忧郁症，了解心理卫教知识，可协助病人在患癌期间做好"心"的自我照顾。

忧郁症（depressive disorder）可能会有以下症状：

● **持续悲伤**：可能感到低落、悲伤或是空虚，可能总是在哭泣，也可能感到麻木，既不高兴也不悲伤。

● **易怒**：容易被激怒，以往从不会困扰你的事物，现在却会让你生气。

● **焦虑**：异常的神经质、担心，可能会有坐立不安感、肠胃不适。

● **对生活失去兴趣和喜乐感**：失去以往能够觉得享受的事物，以前有兴趣的事情也都没有兴趣了。

● **忽视个人责任或是自我照顾**：以往在家事、工作，或是学校的活动上总是反应迅速，现在工作效率降低，也可能会忽视个人卫生习惯。

- **饮食习惯改变**：可能会不觉得饥饿，而在不经意中变瘦，也可能过量进食。

- **睡眠习惯改变**：可能会在夜晚入睡困难，频繁地醒来或是在清早醒来却无法再度入睡。也有可能嗜睡，一整日都在睡觉。

- **疲累及失去活力**：总是觉得疲累，活力很低。身体动作及说话速度变慢。

- **专注力、持续力及记忆力降低**：无法集中精神、持续专心致志于工作、学校或是家里的事情。

- **极端的情绪变化**：可能会经历情绪的剧烈摆荡，在短期内从喜悦变成绝望。

- **持续的负向思考**：可能会变得悲观、低自尊，并且不相信事情会改善。像是"我是不好的"这样的句子会经常出现在脑海中。

- **无助感**：觉得无法控制自己的生活。容易感到压力，就算是简单的事情也变得更依赖他人。

● **无望感：**开始对生命是否值得继续存活感到疑惑。

● **无价值感或罪恶感：**觉得自己比不上身边的人，这会使得你开始远离别人。

● **增加酒精和药物的使用：**可能会使用酒精、处方药，或是非法药物，来尝试帮自己从忧郁症状中解脱。

● **自杀念头：**可能会希望自己已经死去，抱有"如果我可以睡下去而不醒来，对我的家人会比较好"这样的想法，甚至会有实际的自杀行为。

放下不完美的人生

病后，我才学会享受生活的平淡与灵魂平静的滋味

在心理学辞典里，并没有定义"放下"这两个字，但却是好多人在面临一些痛苦的状况时，想要达到的一种心理状态，若真的想要那种放下的坦然感受，则必须有一些深刻的体悟。

几次在外面演讲完关于心理健康主题的类似课程时，最后会留出时间给学员提问，有次就被问倒了，"心理师，你要怎么教人放下？"坦白说，我只能略从这个问题里，揣测提问者遇到了哪些困境，而这样大的问题，一时之间也难以回答。演讲结束后

我开始思考"放下"的心理意涵。

谈到"**放下**"这个智慧用词，让我忆起了一位病人。

王太太告诉我，患癌后她真正学会了"放下"，她放下的是责任，放下的是对于治疗结果欣然接受的状态。她坦然告诉我现在好像才开始真正为自己活着，不过这些体悟，都是花了一番时间和挣扎才慢慢调适过来的。

她六十五岁左右，已经治疗大肠癌将近一年的时间了，当时发现时已是晚期，不过她总是很配合医生，并对疾病治愈充满希望。对她而言，现在能选择的就是配合治疗，然后在生活中练练气功调节身体。

因治疗效果预后不佳，所以主治医生请她预约心理咨询。她总是客客气气来到我的会谈室，遵从医嘱，每次也很开心见到我。

"心理师，其实我不太好意思讲自己的事情，也不知道怎么表达，不过，我每次都很担心治疗的结果，整个人心里很不安的感觉，有时很焦虑，有时又还好。"有时会觉得自己好像调整好了，有时则又因为看见了什么讯息而心情掉到担心与焦虑之间，来回摆荡的心理状态是常见状况，是病人在找寻情绪的心理平衡。

继续探索她的感觉，我直接地问："还有担心什么事情吗？"接着她说了一段话，让我更明白她真正的担心，"一直以来我是个以家为重的人，只想守着这个家，希望家里的人平安。但我治疗一年多来，家里原本该做的事情突然都不用我做了。媳妇不让我煮饭了，儿子也叫我什么都不要做，接着我就开始乱想，然后睡不着，我会觉得那些事情不是应该我来做吗？"

后来，王太太常常讲她的担心，几次会谈间，主题都围绕着担心家务没有做完、担心住院照护的家人睡不好、担心进入诊室没有跟医生说清楚自己的状况……大大小小的担心、繁琐的事宜，全部都记在脑海里，事前会预习，每晚睡前还会复习。而她特别交代不要跟家人说这些状况，怕家人更担心，所以我成为她最安心的倾听者。

一般而言，若有明确身心症状困扰的，或许还能使用一些心理治疗方法，而癌症**病人原本心理可能是健康的，因患癌压力才造成心理冲击，此时该采取的倒非心理治疗取向，而是发挥人文素养与心理晤谈的应用技巧**。毕竟，谁想得癌症、谁又想被定义为心理有状况的人？如果有类似状况，可以找心理相关专业人员协助，这可能是一场让你自己与生命深度的对话。

有次会谈的内容有些不同，话语不再围绕担心与焦虑，王太太语重心长地说，"最近我一个人一直在想，我觉得我想要放下一些事情了，其实我感受到我的体力正在慢慢变差，而且我也认真准备好面对死亡这件事了，很多事情也就还给孩子、丈夫去做，真的也放下了。"

"你有跟他们讨论这件事情吗？"我想多了解他们的互动。

"我有开始跟丈夫讨论这件事情，后事也都交代好了，其实这样子我已经心满意足了，虽然家里还是有些事情让我担心。不过尽管这一生有美中不足的地方，但是我这辈子也都有好好守护这个家，**没有谁的人生是十全十美的，我已经开始学习放下了。原来，放下真的比较轻松。**"

记得她叙述那种放下的感受，像是决定性时刻，决定不再扛着责任，也决定把许多事情回归自然而然的状态，心中的大石头放下了，一切也不用刻意去烦恼了。她因深刻体悟到"人生没有十全十美"的心灵状态，而得以放下许多担心，这是她对自己的心灵疗愈。

我想那个放下的决定对她而言是困难的，但她很有智慧地与我分享她的感受，"真的一切顺其自然，我也该过我自己的日子，如果身体真的没有办法了也没有关系，因为这不是我能决定的；能决定就回到一般的生活。"

虽然她现在身体已经逐渐失去力气，但对于生命的态度依然不变，放下了执着于治疗的结果，也不想把自己限制住，现在对她认为最有意义的事就是陪伴家人，偶尔也发发呆、做做自己想做的事情：提起书法来练习几个字，修剪自己养的花草，感受内心的平静。

看见她从一开始的过度焦虑，到慢慢地释放扛在身上的压力，虽然焦虑感偶尔还是有，但是她已经释怀很多了，可以看得出来她现在正在享受着生活的平淡与灵魂平静的滋味。

·心理师的临床笔记·

学习放下：辨识生命中的"应该"

"放下"可能是一个需要"作决定"的心理历程，一开始会感到很困难，但不只是你，许多人也都是花了一些力气调整的。

放下，并不是什么事都不做，在临床服务工作中，看见许多人的放下，是放下"自己应该要如何""这世界应该要如何""关系中应该要如何"，也可能是你正觉得治疗结果不如预期，"一直努力付出怎么没有成果，不是应该有些成果吗？"放下的第一步，需要辨识出你认知中所有"你认为的应该"以及感知你的生命价值观，就像故事里的主角体会到人生难以十全十美，这是生命本质的一部分。当然这些辨识的练习需要时间来学习，学成了，就会得到心灵上的自由，才有不同的视野去面对生活上的各种遭遇。

拍张全家福吧！

我不想被遗忘，请让我在最后的时间里修复冰冷的家庭关系

这是个假设性的问题，"若有日被诊断出癌症并无法再做治疗，那么在这段有限的宝贵时间内，你会做些什么？"也许你想了想之后，会说要珍惜所有，要把握最后的机会，但是在临床工作中常常看见病人对此不知所措，然后有些人选择用绝望的态度回应。

哲宇罹患肝癌末期，约三十六岁，因肝肿瘤较大，所以发现时已无法进一步治疗，最终被告知最坏消息。主治医生担心他的心理调适，安排了心理师的病床会谈。

一开始哲宇无奈地表示，面对死亡的打击，一点都不想多说，房间满是沉默，我对这样的选择表示尊重与理解。若病人真的只想要安静不想述说，我认为做自杀评估后关注心理卫生即可，不见得要谈论到生命议题、存在意义的价值，尊重他的心理选择。

因此，前两次会谈他都是用被动句，什么都不太说，甚至想要暂停会谈。按照前面所说的，我自然是尊重他。不过第三次会谈时，他开始话说多一些了，他说："我现在自己一个人，没有妻小，是没有什么好牵挂的，但与原生家人的关系一直很冰冷，这点可能会有点遗憾吧！我也觉得自己不孝，让白发人送黑发人。"，最后他说，"现在我的身体就是这样了，人生也无法重来。"说这话的时候，他是看着天花板说的，带着绝望。

为了了解哲宇的疾病病程，再决定何时要来再病房访视，我询问主治医生，他的身体情况如何？这样问不是没原因的，曾经有几次的经验，一些癌症末期病人每况愈下时，转介给我不到一周就离开这个世界了。

主治医生摇摇头告诉我，病情恶化相当快速，请我快点关心他的心理、心灵需求。医生这样说，通常代表剩下的生命时间不超过一个月。这只是个平均值，没有人说得准，唯一可以确定的是我在跟一个时间非常有限的人会谈，他的仅存时间对我而言也很珍贵。

去他的病房探望，他又是在看天花板的模样。我问他对自己的疾病有多少了解，他回答我说医生温柔间接地说了他身体的状况，他心底明白时日不多了。

从被诊断到现在这样，从一开始的希望到最后的绝望，前后也不过才一年的时间。在这一年里，是最后这段时间才找到心理医生。坦白说，在时间压力下，真的需要直接谈，因此我问他，"有什么可以帮帮你的？"这问题抛出后，他终于愿意好好思考这件事情，"跟家人多相处吧。"

在病房里，总可以看见哲宇父母亲在病床旁轮流陪伴，但也多是跟医疗人员客气点头，与他少有互动。有次，我主动找了哲宇双亲会谈，父亲说，"我也只有这个儿子，现在遇到这种情况也只能接受，能让他不要有痛苦就好。"看见爸爸眼里的哀伤，什么也不能做的样子，明白了这对父子平日的相处习惯是沉默以对，在这样的气氛下，他们双方都为此感到无奈。

哲宇说想要跟父亲好好道别，他觉得自己很不孝。我第一次看见他流下眼泪，是当他忆起儿时与父亲的亲昵，当时他们父子关系是很近的，但随着哲宇到外地工作比较少回家，埋首于赚钱，不然就是把专注力放在感情上，最终身体出状况，感情也失败……哲宇一直自责着，成年离家后没有多照顾家里。

我鼓励他多跟父亲谈谈，他问我该如何起头。我给了他一些建议，比方说，从自己的病情开始谈起，主动说些自己的心愿。哲宇的父母亲主动提到想拍一套全家福，他也想完成父母的心愿，至少有个他存在过的纪念。通过安宁团队的护理师协助，找到一家还不错的摄影棚，帮他与家人在这珍贵的时间里留影合照。

护理师说，哲宇在摄影休息时崩溃大哭，全家都哭了，只有回到镜头前才强忍住泪水、强颜欢笑着……护理师转述回忆画面时，眼眶里也泛着泪。

全家福合照冲洗出来后，哲宇拿着那些照片与我分享，告诉我他已经跟父母亲表达感谢之恩，很抱歉让白发人送黑发人，也把一些后事的状况都交代好了。他说，他已经**在这有限的时间里，把想表达的都与家人表达了**，包括当日在摄影棚溃堤，所有不舍家人的感受都涌上心头，而家人也说最近会多来看他。

在最后珍贵的时间，他选择做了珍贵的事情。当他发现最挂心的事情是家人后，选择的是与家人更贴近，不想被家人遗忘。他曾问我，"心理师，你知道死亡后的世界是什么样吗？"坦白说，我不清楚，这题真的考倒我了。

我反问他，"你想像中的死亡世界是什么样？怎么会想问这个问题？"他说就是想讨论，好奇死亡后的世界，像这样讲出来

好像比较不恐怖。我们在轻松的会谈中讨论这个话题，虽然明知道不会有结论，但是单纯地陪伴谈天也挺好的。

而他也在这次会谈的两周后平静地离开了。

2018年上映的动画片《寻梦环游记》，以亡灵节为主题概念讨论死后的世界，认为亡者在亡灵节的时候，若能被世人忆起，就可以回到世间一趟，但若没有人想起，就无法回来与家人相聚。看完这部电影，我想到了哲宇，如果那时候来得及，我会与他分享有一个这样机制的亡灵世界。

·心理师的临床笔记·

"限时感"下的积极思考

如果病情逐渐加重，可能会有一种"限时感"，这时我会建议病患积极思考以下问题：

● 在珍贵的时间里，有没有特别想要做的事情，是可以独立完成，还是有其他人可以协助？

● 在最后这段时间里，有没有想要修复的关系？

● 最后比较严肃但重要的是，请思考关于生命尊严的事情，比如拒绝心肺复苏术等。

优雅地活着，好好地告别

虽然很不舍，但仍想要好好地告别，因为家人是我一直守护着的

在癌症病房这个场所里工作，有许多机会看见许多生命的陨落，包含失去健康的身体，失去家人或重要他人，失去原本的价值认同。看见一连串的失落，就会明白生命难以完美，在这样生命本质的缺憾中，唯有"关系中的爱"让我们觉得生命具有意义。

几年前，将近四十岁的姗姗，被诊断肾脏癌末期，她是家里最小的女儿，自认为从小就是家里最听话、但也是最累的那个，

总得忙着照顾父母的情绪，从来没有自己的生活。

姗姗没有所谓的知己好友，也没有伴侣，在心理需求上无人倾诉，这几年藉由不断赚钱来弥补心里的空缺。在她这样说的同时，我心里想的是，这不也正是许多人的写照？

她是位颇追求品味的女性，有着奥黛莉·赫本的高雅，带有女人味及一点性格的特质，尤其喜欢黑色，每次来会谈室都把每套黑色衣服诠释得很好。"我每天都喜欢把自己打扮得漂漂亮亮的。连假发都要选品质好的，这样我比较能感觉到内在的满足。而且我是有能力才买的。"她眼神坚定地告诉我，这对她而言似乎是很重要的事情。

有次她谈到"活着的意义"，她觉得活着本身就很辛苦了，还要承受这种痛苦。尤其是她刚被诊断出来半年后，她的母亲也被诊断出癌症末期，她觉得这是老天爷的考验，心里常常浮现"我想就这样子离开"的想法……这的确是人在极大的痛苦中脑海里会不断重复的念头，到最后连活着的意义是什么也不重要了，不是吗？

"也许剩下的，是为了家人活着吧。"姗姗侧着头叹了口气，感叹地说。这样的对话，对我虽不陌生，但觉得继续陪她探索存在的意义尤其重要，如同陪着她在黑暗内心中找到一丝光明与希望的曙光。

连续两次会谈陪她讨论"活着的意义与价值"，当然除了理解她承受母亲患癌的痛苦，也陪她探索她自身更深的内在。"心理师我告诉你呦，自己说起来是有点不好意思，但我其实很懂生活，我很会烹饪、打扮，追求美的自己。"姗姗这样说时，我完全认同，她那双眼睛所透露的自信与全身散发出的优雅便是如此，我也很少看到病人患癌后，把头发整理得那般美。

说也特别，"头发"在分析心理学里，是梳理思绪的象征，就像姗姗也喜欢藉由会谈一边整理她的思绪一样。渐渐地，通过一次又一次的会谈，我看见她的表情多了些笑容。

我在会谈中发现她的真、善、美，这些人性中美好的一面，把这样的结果回馈给她时，她说，"其实我的生命意义就是追求真、善、美吧，财也都赚够了，该享受的在前半生也都享受了，我想接下来就好好跟家人道别吧，我觉得自己准备好了，也把遗嘱立好了。**虽然很不舍家人，但仍想要好好地告别，因为家人是我一直守护着的。**"

问她想要怎么样的告别方式？她说她只想把家人都同时找来，然后清楚地说明她自己的遗嘱、意愿。因此，在家人的团聚下，由我及另外一位医生当主要见证者，念了她的遗嘱及表达意愿：

"亲爱的家人，我想了很久，我只要平凡的丧礼就好，不需要盛大。财产如答应你们的那样已经分配清楚，重要的是家人能互相协助。"

"我离开后，希望能跟妈妈葬身的地点一样，最重要的是别忘记：这辈子我很爱这个家。"

隔日，姗姗也准备了向我告别的方式，亲自跑到会谈室找我，"谢谢你，心理师，我相信我们彼此都不会忘记。"我微笑点点头，眼眶含着泪水看着她，她拿出一组欧洲名牌护手霜组合送给我，"接下来我要回家休养一阵子了，这可能是最后一次见面了，谢谢你。"两个月后听闻她平静地离开了这个世界。

那天，我想起两个月前在她病房那一个小时的告别，见证了整个家的凝聚。

• 心理师的临床笔记 •

关于好好地告别

亲爱的，当发现疾病不断地进展，或许不断接受这个坏消息，让你有了死亡的心理准备，也进一步在思考该如何准备遗嘱，或是如何告别等等这些现实的事。

在我的临床经验中，有些人选择不刻意告别，担心家人无法承受，但多数人的选择仍是向重要的家人作最后的告别。这件事情一开始的确难以启齿，尤其你担心"与家人道别，似乎让家人更难受"的心情，但在临床经验里，通常有爱的家人面对"什么都没有交代、没有说"的状况，会更不知所措，因不知你的心愿是否完成，会有"想为你多做些什么"的心情。

我鼓励你整理思绪，想想是否要告别这件事情，若最终决定想好好向家人告别，也许是写信、拍纪录片、直接亲口说，不论用什么样的方式告别，相信对你及家人而言，这最后的告别，都是珍贵的永远难忘的时刻。

我做了一个甜梦

从梦里到现实，从甜美到残酷，最终慢慢明白生命是为自己
痛快活着

梦境在心理治疗领域，始终是个有趣的素材。有些厉
害的心理分析专家擅长解梦，但我的观点是，对于面对死
亡威胁的人来说，梦境更凸显象征意义的重要性，有时做
梦者的诠释更为关键。

一位中年妇人，突然预约心理会谈。我一如往常地问，"有
什么可以帮助你的吗？"她说，"心理师，我做了一个梦，想问
问你。这梦真的很诡异。"

在心理研究的领域中，梦是很好的素材，我也曾参加许多解梦工作坊的训练，见证过许多做梦者通过梦疗愈自己、分析自己。

"不知道你相不相信，我梦见我抗癌成功了。"阿兰很疑惑地告诉我这个讯息。但就医疗上的事实呈现，阿兰已经是乳癌第四期，目前虽然没有出现困扰身体的症状，不过对于未来的疾病进展，多少也有了最坏的心理打算。

根据我的经验，梦见抗癌成功可能是心理上的期待，也可能是补偿作用，这个并没有一定如何的确切解释法，唯一确定的是，**梦可以是一种探索心理内在的素材，而做梦者如何解释这个梦境最为重要。**

阿兰形容自己总是很坚强，非常开朗，对孩子、丈夫，或其他身旁的人而言，就像是个千面女郎，扮演好各种人生角色，有个幸福美满的家庭，同时也是事业有成的商场女性。今年五十五岁，存了不少钱，原本打算提早退休，没想到患癌了，"很可惜，有钱没有命花。我别墅都买好，房子也都选好了……"

她的开朗，有时候是隐藏在脆弱之后，"偷偷告诉你，对于别人来说，绝对不会有人看出我心中的苦，但我心里其实知道，接下来自己没有办法掌握住生命，这点我很确定。我非常累……"她带着一个梦境来找我，但从她的生活经验中，我发现有许多现实议题需要解决。

她说这个梦让她想要努力试试，看病情能否获得控制。这个梦境对她而言就如同愿望一样。让她畅谈之后，她比较信任我了，接着她说了一个没有对别人说过的秘密："其实我觉得我丈夫之前陆续有许多外遇，但是我都隐忍，我很给丈夫面子的。但一直这样其实很累，因为我们夫妻俩做保险业务，所以需要呈现出美好的夫妻形象。"

"我生病后，他改了很多，也向我忏悔。"她在说这段话的时候，活脱像是个资深女演员，但仍隐藏不住眼神里的失落。接着我又继续陪她、听她说，我想维持一个女人坚强表象多年，内心应该非常疲惫，让她一吐为快，才是她现在的心理需求。

接着阿兰又深入讲了一段故事，以前她很在意先生的外遇，如何吃醋，如何睁一只眼、闭一只眼，得过且过的过往，当时为了孩子及整个家庭所以隐忍着……当她想到现在存到钱可以退休享福的时候，却被诊断出第四期，想像着未来丈夫会跟另一个女人享受人生，心里有许多不甘。

我继续专注听着她想告诉我的。"也许我的梦境是想告诉我，回到现实里吧，说的还不只有患癌的这件事情。"她自己这样诠释着。听到这儿，我的眼睛亮了起来，也许她的梦境正保护她，带领她到心灵深处，不要再欺骗自己。

想进一步地了解她的故事及生活里的现实。"先生年轻时有过几段外遇，但不知道为什么，现在我生病了，他也愿意来陪我，外面的关系可能也断了。我也知道，最近他是对我很好，我猜他对我也有愧疚。但算了吧，我**现在只想把焦点放在自己的身上，好好过活最重要，不想再浪费时间在无意义的事上了**，也许我的时间并不多。"

她的口吻及眼神带着决心，想要进一步规划生活，"我当然要替自己好好活着，过去的我，实在把自己闷坏了，我不要再这样过了。我也计划好要去欧洲旅行，孩子们也都支持我。"

"我听见了你内在真正的声音。"我对她这样说着。边听故事边心理评估是我的工作，接着问她一些睡眠及日常的状况，那些都不造成她的困扰。

她看了看时钟，已一小时，"时间也差不多了，我就不耽误你的时间了。谢谢你，跟你说话很痛快，很久没有跟人谈这么多自己的事了，非常爽快。"我微笑点点头说："谢谢你愿意告诉我。"

正当她要起身走出会谈室前，我邀请她，"下次又做梦想找人谈再来找我吧！""嗯，有需要一定还会找你的，我真的很会做梦呢。"她微笑着带上门。与她的这次会谈，不禁让我联想到几位类似的病人，当开始思考人生尽头时，最终慢慢会明白生命还是该为自己好好地痛快活着、呼吸着。

·心理师的临床笔记·

对照自己的"梦笔记"

有些人喜欢谈梦，谈梦时总特别投入。

在欧曼心理团体受训时，团员都有一本记梦的笔记本，你也不妨将梦境当作照顾自己的一种方式，特别是疾病治疗期间，尝试记录梦境，作为自我照顾的方式，若是有这本梦的记录，则可找适合的心理专业人员陪你探索梦境的象征性意义。然而需要提醒的是，不论做了哪些梦境，都不宜过多解释。临床上有些人梦见死亡而因此感到焦虑不安，其实心理学上，梦境可以是更了解自己的方式，也是一种心理补偿作用。

无法面对的余命告知

再多一点沟通、多一点帮助，结果会不会好一点？

我们都知道生命是有限的，只是期待至少是在有心理准备时完美结束，因为我们从来没想过重大的人生意外会到自己的生命里来，而面对一切的失控状况，我们也不知道那将多么地不知所措。

她几乎是推开会谈室的门，就立即崩溃大哭："我只剩下半年，该怎么活？"

一般而言，癌症医生很难预测病人的存活率，但这个"数字"很难让病人不在意，由于现在网络科技发达，许多人在被诊断癌症后会拼命搜寻期别与存活率等相关讯息，虽然知道那只是临床研究的存活率，但想活着的心情太强烈了，还是会去自行搜集资料进而影响心情。

湘琪四十岁，被诊断大肠癌末期并多个器官转移，一开始不敢相信这个结果，又跑了第二家医院，那瞬间，她的心情掉到了谷底，算是确认了病情。于是她开始很焦虑地一直绕着这个问题，并抬头问我，"我真的只有半年的时间吗，我该怎么办？该怎么活？"六神无主的眼神，我至今难以忘怀。

是啊，我们应该都能理解湘琪的心情。当你突然被告知只剩下约六个月的寿命，那该怎么活？而当你有机会知道自己的寿命长短时，你会选择知道吗？这个答案并不一定，有些人"大概也想知道自己的器官面临什么样的困难，所以可能讲一下平均的寿命比较好，这让自己有心理准备"，也有人觉得"我不想知道，因为有种被判死刑的感觉""我觉得一切顺其自然，说不说寿命都可以。"不论是否面对被告知存活率，也不论医生的评估是否准确，当你开始重视存活率这件事，代表你可能很贴近地感受到生命是有限的。

人，活着一部分是为了希望，当活着的希望破灭时，在还没准备好心理的前提下，那一刻真的会有"被判了死刑"的感受。让湘琪不断啜泣的理由还有一个，那就是她那四岁的可爱孩子。

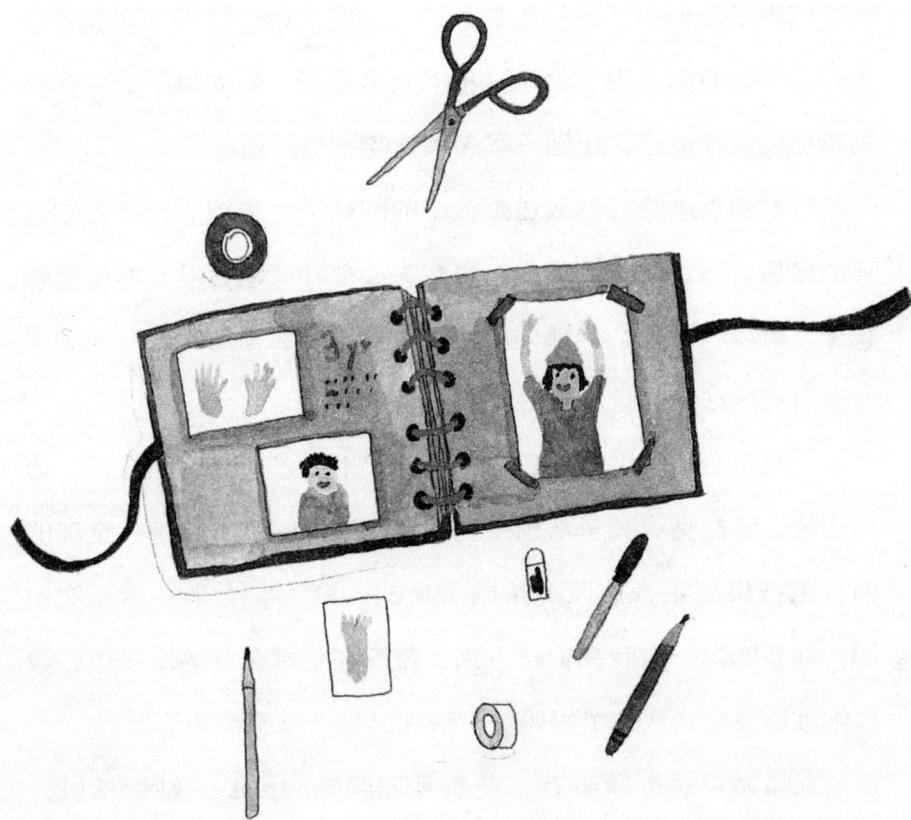

这小孩是经过多重关卡、人工受孕生下的，"当时这个孩子的出生为我们夫妻俩带来重要平衡，是我们夫妻关系的润滑剂。现在孩子四岁了，似乎还是很依赖我，喜欢跟我玩，特别喜欢被我逗着开心"。有时湘琪也会说这孩子有多贴心，例如早上起来帮妈妈拿拖鞋放在床边，让她一早起来就能幸福洋溢。

听着湘琪继续哭着叙述跟孩子的回忆，也想知道她被告知这坏消息后，有没有做些什么？也想关心那种情绪有没有办法照顾孩子，所以我问她，"那你现在都跟孩子怎么互动呢？"我问了一个自己内在也感觉心痛的问题。

"我现在每天拼命写日记，每天早上就是写或剪贴东西，边写边哭。我想把这孩子从出生到现在四岁的回忆，全部、全部的照片都搜集起来，从以前帮她庆生的、第一次学步、第一次出游，许多的第一次我都记录下来，整理在一本全开的本子里，我好怕她以后忘了我这个妈妈。"说完又是一阵啜泣声。

我微微点头继续听着，并表示理解她的担心。她继续说，**"不能看孩子长大，是作为母亲的痛。"**说到这儿，不禁让我联想到前阵子才跟好友谈到她最近当妈妈的心情，好友不讳言地提到自从生了两个宝贝女儿后，身为一个母亲，开始害怕死亡这件事情，像是母爱本能似的情感，担心不能看眼前的孩子长大，一心想要为孩子好好活着。

"你写的时候，都在想些什么呢？""我真的一直在想，这件事情为何会发生在我身上？我很想陪着我的孩子长大啊……"湘琪在会谈室哭了一段时间，坏消息来得太快，她确实需要这样的空间。

湘琪的先生面对这样的打击，其实也难受，只是她认为先生一直无法倾听她的需求，只会告诉她不要想太多、不要再多想。湘琪说，**"我想要的真的只是'被倾听、被理解'就好**，这点我已经跟他沟通很多次了，不要再过度沉默或是给我建议，现在的我怎么可能不多想，医生说可能只剩下半年了！"

她先生面临这样的讯息其实也是无力的，但又不得不振作起来替她打气，看见她这样的情绪，先生心里也不知所措。在短时间被告知这个讯息，一时之间真的让人难以冷静，对孩子的诸多不舍、害怕被家人遗忘，这些对湘琪而言都是很重要的命题。

只是很可惜，刚开始谈完后给了她心理支持，但后来她的情绪越来越严重，也常常与先生争执。八个月后，她疾病病程进展更为快速，到后期她甚至抗拒来医院，在极度需要被帮助的状态下，只是不断地退缩。

我与湘琪夫妻沟通看身心科，他们也看了，不过后期她只想要藉着药物让自己睡觉，不想再多想，当时我尊重他们的选择。时间又再过了一个月，我关心先生在这段时间中与湘琪的相处状况，先生说，"她后期似乎无法接受患癌的事实，在家中的情绪也越来越差，差到无法跟孩子好好地互动。"

两周后，她离开了这个世界，她是一个在我心里存在遗憾的病人。我常想，或许当初再多一点沟通、进一步会谈，会不会可以帮助她多一些？

·心理师的临床笔记·

压力适应障碍

亲爱的，患癌，也是一种压力，若无法与压力和平共存或克服压力，则可能造成身体的不适。分享一下人们在压力下常见的"适应障碍"：

适应障碍常见的状况是对于生活环境中新出现的事物无法适应，继而出现一些过度情绪的表现，如焦虑、激动、易怒、忧郁等，或是出现不当行为，如谩骂、攻击等症状，而这些情形若是在压力源发生后持续三个月以上，明显地造成生活适应上的困难，则需要心理专业人员进一步的帮助。或是，压力源发生未持续三个月，但若考虑整体心理生活品质，也可以提早寻求帮助。

患癌了，该怎么办？

一、身为陪伴者

● 倾听患者心声，不要急着给建议，让他把情绪宣泄完。

● 尊重患者的步调，不因急而责备，不带负向情绪。

● 鼓励患者表达自己的需要、情绪。

● 协助患者评估问题，找出适当的解决方法。

二、患者自我照顾

● **降低生活的压力源**：避免此时做重大决定，造成更多压力。

● **有主观睡眠障碍**：不论是失眠或是嗜睡，都可以寻找身心科医生通过适当药物改善失眠症状，或寻求有受过睡眠领域专业训练的心理师帮忙。

● **处理事情的优先顺序**：有许多的情绪及事情要面对时，先从最重要的事情处理，并写下来慢慢思考。

● **选择较健康的方式**：避免使用烟、酒或药物滥用，以及性开放或其他可能伤害自己的方式来做情绪宣泄。

● **自律的重要**：规律运动，规律饮食，规律作息，照顾好身体。

● **保持好的人际支持**：找信任并了解自己的伴侣或朋友谈谈自己的压力，不要一个人独自面对，也可以找心理卫生专业人员会谈。

● **观察自己情绪的变化**：患癌可能会变得封闭、易怒、容易担心等等，可阶段性记录自己的心情。

一无所有的遗憾

对你造成的伤害不会消失，但我愿意尽全力去弥补

生命里多少会产生一些遗憾。有些人认为留存一点遗憾才是最美，总能唤起人内在的贴近，这也难怪以遗憾为结局的影视节目会受大众欢迎。但也有人离死亡越来越接近时，因累积太多遗憾，产生强烈的、极度后悔的感受。

一位约五十岁的中年男子阿忠，主动预约心理咨询，他身高约一百八十公分左右，看得出年轻时英俊帅气的模样，进到会谈室时头低低的，明显是情绪低落的状况，一看见我就坦承自己最近有自杀的念头，不知道该怎么办。

我请他先说说自己目前面临的患癌过程及经验。阿忠说，一年多前被诊断食道癌第三期，医生都很好，不过有时候自己一个人面对治疗有点辛苦，一直治疗也造成了不小的精神压力。我除了同理他的辛苦，也试着了解除了长期治疗让他丧志，还有没有其他原因？这样才能进一步做评估。

"发生什么事情了吗？"我试探性地问他。"我一直觉得我可以自己一个人生活，跟前妻两、三年前离婚。现在生病了，女儿也不太理我……我心情一直很难受，觉得活着没什么意义。"

阿忠和前妻的婚姻维系了二十年左右，但在两年前，太太主动提出离婚，觉得受够了在这段婚姻里长期不被尊重、被忽略。即使阿忠太太知道他现在患癌，但仍完全没有任何联系。

一段关系可以维系二十年，肯定发生了许多事，**任何"关系"中的变化若演变成一种结局，这中间是由许多事件慢慢地逐渐累积而成的，绝非一时的突然转变。**

我请阿忠稍微说一下年轻时的状态。"我以前是营造商，生活很丰富、很享乐，每天都应酬，酒店、喝酒、打牌、外遇，什么都样样来，现在想起来那些都没有什么意义。"听起来阿忠曾经很陶醉于灯红酒绿的生活里。

他确实从生病后才去思考这些事情。生病后，以前那群每天玩在一起的酒肉朋友也没联络了。他也没体力过以前的生活，不再通宵打麻将，罹患食道癌的他更不可能喝酒，所以朋友渐渐疏离，几乎没有知心好友留下。直到连太太都要离开，签字离婚的刹那，阿忠说，"我那一刻才发现自己真的一无所有了。"

我说："听得出来这一连串的事情带给你人生很大的打击。"他接着哭着说，"我的人生怎么可以这样糊涂，怎么会这样对家人，弄得现在连孩子都不太想理我！听女儿说现在太太自己过得很好，也不希望我去打扰她们。"

我曾经试着想要询问他修复关系的意愿，不过他说："实在发生太多事情了，光是外遇，太太就已经原谅过我好几次，我还是不知悔改，直到太太受伤失望到决定离开，这一切都太晚了，也只能怪我自己。"

我问他想要寻求心理咨询的目的，他低下头说，"我也不知道，只是自己常常觉得活着没有意思。"因为这样的坏情绪已经持续了一段时间了，他也去看了身心科，但药物也无法根治他的问题。

他觉得自己过得很糊涂，因而很自责，但却不想主动付出行动去改变现况，所以情况就不会有任何改变。**所有的认知都需要付出行动，才会向你所冀望的方向前进。**现在的他，身旁已经没有人可以诉苦，所以我邀请他谈谈觉得"活着没有意义"的部分。

"医生是说我现在治疗还好，情况都在控制中。"我问起治疗的状况，但我知道，疾病只是额外的压力源，让他最感糊涂的都不是这些，他是通过疾病理解到自己内在一直以来最重要的东西——亲情。

两个星期后，我询问他，"除了身心科药物的部分外，还想多谈谈吗？也许朝向与女儿关系修复的目标？"他笑着说，"心理师，你觉得我还有救吗？"我笑着说，**"关系上的弥补或修复，一切看当事人，由你自己决定。"**于是我们直接约下次心理咨询的时间。

·心理师的临床笔记·

失志症候群（Demoralization Syndrome）

分享一个心理肿瘤学的知识。当人受苦于严重的身体或精神疾病时，"失志症候群"是临床的综合现象，包括持续地存在痛苦、无望、无助，以及失去生活的意义与目标。相关研究者提出的失志症候群诊断准则有以下：

● 存在的痛苦症状：失去生活的意义与目标，失去希望。

● 悲观的态度，无助感，被困住感，专注个人的失败，缺乏有价值的未来。

● 对于适应不同生活的动机下降。

● 社会疏离，孤立，缺乏支持感。

● 持续此现象超过两周。

若发现自己或家属有以上类似现象，可以寻求身心科进一步鉴别诊断。大多数医生、心理师会使用"意义疗法"协助病人重建生命意义。提醒身为主要照顾者时，若看见病人出现类似失志症候群症状，要体会病人**面对一连串身心之苦的那份心情**。

现在悔改，来得及吗？

请不要把他人的付出和照顾，视为理所当然！

"做自己"这种人或许活得很自在，拥有潇洒的生命态度，但在医院临床工作里若遇见"做自己"的家庭成员患癌，会看见在这份任性背后，其他家庭成员的照顾工作很辛苦，用身心俱疲来形容也不为过。

一位罹患口腔癌的中年男性，这辈子很享受他生活上的一切，家人形容他做得最棒的一件事情就是定期把赚的钱拿回家，其他的家庭责任，家庭成员则显出无奈不愿多说的态度。

我都叫这位病人"大哥"，因为他双臂有着陈年刺青，双眸锐利，每每看见我总说着自己的丰功伟业，还曾嘴角上扬、用自傲的语气说："我这辈子吃、喝、赌通通都尝试过了，"说的时候有一种"大哥"的气势在，我每次访视倾听，他都是这副"自信满满"的样子……我想说到这儿，读者也能跟我有类似的联想，当他的家人很辛苦。

我当时想的是，在这个家庭里，真正需要"肿瘤心理服务的"会不会是大嫂呢？有次，我如期访视这位大哥，他直接对我说："心理师，你快点来跟我太太说一下，她最近对我态度超不耐烦，你来关心一下她的心理。"

大嫂说："我们出去说好吗？"我点点头，一起到护理站的会谈室里会谈。大嫂抱怨了一堆关于家庭的事，长期以来，家庭及孩子她都是用"忍"字撑过来的，大哥过着相当任性的生活。而我看见的是，**大嫂一直以来过着没有女性灵魂的生活，疲惫打点着家中所有事务，孩子、丈夫与家务都顾好了，唯一没有顾好的就是自己。**

在医疗过程中，许多家庭的婚姻品质、成员互动的关系都会透明化。当一个人生病时，治疗过程确实会需要家人或亲属来照顾，让人较安心。这位大哥非常幸运，大嫂总是在他化疗住院时按时出现，努力询问医生该注意的地方、要准备什么样的饮食给病人，说话客客气气的，善尽妻子本分，即使过着忍气吞声的日

子，但还是如实地把该扮演的角色做好做到位。

半年过去了，大哥疾病进展快速，这次会谈他的眼神比较不同，没有从前那样利索，反而无力地看着我，那是在疾病面前屈服的样子，充满无奈与疲倦。"你还好吗？"他先是低头不语，沉默了一下才说，"这阵子我一直在悔改。我对太太感到很抱歉，以前我对太太很不好，对她和孩子都是很凶的，但她现在还是没有怨言地照顾我，我真的感谢她，这辈子庆幸有她……我想到这就难过，"大哥在我面前掉下男人泪，"但心理师，我现在真心想要悔改，你觉得我来得及吗？"

当时我忆起大嫂对我说过的这段话："这种婚姻一辈子就好，我下辈子不要了。我也不奢望他会悔改，就当上辈子欠债，这辈子我是来还债的。"因此，我告诉大哥，"现在若你真心想要悔改，还来得及的。"当我们真心悔改时，在良善动机下所做的改变，加上专业的陪伴，成果肯定会是好的。

但我更好奇的是，大哥这席话是否跟大嫂表达过？他回应说，从来没有对太太说过**"感谢"**二字。我鼓励大哥若想对身心俱疲的大嫂表达，就趁现在义无反顾地说出来吧。后来，大哥订了花束对太太表达感谢，这是他主动修复关系的实际行动。

大嫂收到花时的表情虽然没有笑得灿烂，但她对大哥说，"你不要再乱凶我就行了，你真的很难照顾哦。"大哥也一口答应，"我知道啦，会尽量啦。"

当然，修复关系并不会像童话故事一般，快速进入美好结局，但至少这故事里的大哥，开始慢慢地觉察到，一直以来他是如何伤害他的家庭，也意识到自己是极其幸运的，遇到这样没抛弃他的妻子。

后来，听大嫂说，大哥态度渐渐转好了，也比较愿意配合医疗照顾，嘴上慢慢地不再嫌东嫌西，虽然患癌不算是什么"幸福快乐的日子"，但对于大嫂而言，照顾起大哥也甘愿一些，夫妻关系说不上浓情蜜意，但能互相包容体谅，也是另一种爱的表现了。

·心理师的临床笔记·

患者与主要照顾者的充分沟通

若患癌无法只做门诊治疗，需要住院治疗时，身旁的主要照顾者可能会是父母、伴侣、手足、媳妇、孩子、好友或是看护，不太建议主要照顾者"全部都我一个人来照顾就好"，也建议病患跟主要照顾者好好沟通，除了能让病患觉得较不孤单之外，也能获得较合宜的照顾。单一照护者的照顾过程里，也可能面临与主要照顾者的各种冲突，光是"饮食"这件事情就常常造成彼此的压力，病人表示没有胃口，照顾者则焦虑地不断鼓励病人进食，这会形成病人主观的痛苦。

病患和主要照顾者在沟通的过程中，难免会有闹情绪的时候，这时，我建议双方都能思考以下问题：

● **理解彼此心态立场不同**：主要照顾者一心想照顾病患，担心没把病患照顾好；而病患则是会有一些住院或面对疾病时所产生的负面情绪，但心底大部分还是想要继续治疗、获得痊愈。

● **各自彼此关心**：主要照顾者需要注意自己有没有身心俱疲的症状；被照顾者则需要注意自己有没有过度给主要照顾者压力，或是注意你们关系的本质是否有些问题需要进一步沟通。

● **创造彼此正面能量的时刻**：主要照顾者可以主动询问"有没有什么我可以做的？"以给予适当关心；被照顾者也适时表达感谢，以理解主要照顾者的辛苦。

接纳身体与癌共处

癌细胞也是我生命的一部分，我接纳身体的所有，与癌细胞好好相处

我刚进肿瘤心理学医疗领域时，没有把握能给癌症病人最好的心理照护，有位癌症病人就曾直白地说："心理师，你没有得过癌，怎么会知道我们面临的苦？"她是我从诊断初期、治疗期到疾病最终都一直陪着的病人，说话很直，至今仍让我想念。

一开始认识美雅，是因为她卵巢癌疾病复发，当时她年约五十岁。她的前半生都在为了小孩拼命工作，这是她一贯的生活

方式。刚开始她对于自己的疾病难以接受，曾说过："我在某个晚上拼命搥打自己，好讨厌自己的身体。"

每次谈话之间，我深切同情她面临的挫折，倾听着她对死亡的恐惧之外。我特地为几位情况类似的女性癌症病友举办一个小型的支持性团体，让大家慢慢建立对彼此的信任。持续了半年后，团员们已经彼此熟识也能互相支持，而我常协助她们用绘画的方式探索自己、理解自己。在现实生活中她们也会相约玩乐、享受大自然，有时约骑脚踏车或相约爬山，参加一些互动活动。

"我这辈子从来没有感受过这样的心灵快乐与满足，很高兴认识你们。"这是每次团体活动结束前，她们的共识。

有一次，美雅在团体里的绘画作品中画了她的子宫，图像中她正在失去子宫，用粉蜡笔添上了彩虹颜色，也画出了她想像中癌细胞的缤纷模样，每个癌细胞都画得很美，最后她向大家分享了一段话：

"现在我已经失去了子宫，癌细胞在我的身体里住着，我不再讨厌我的身体，我开始接纳身体的所有，与癌细胞好好地相处，现在癌细胞也是我生命的一部分。"与最初诊断时的她相比，她已较能"与疾病共处"，从表情可以看出来，她真的接纳自己的身体了，也给身体善意的回应。

时间又过了半年，疾病持续进展，美雅先是个别预约我的心理咨询，告诉我这个坏消息，当时我仅是静静地陪着她哭泣。她提出希望能与团体成员告别，并说，"我想要好好整理我的生命，你可以帮我吗？"我看看她，陪着她讨论她的生命故事，并帮忙约了这个团体。

最后一次的团聚，所有成员都到齐了。美雅把从小到大的所有照片都带来了，当时会谈室充满笑声，每一张照片都是她的回忆。"这是我年轻的时候，这张是我孩子刚出生的时候，这张是第一次跟先生到溪头约会"，老派的发型及衣服，所有人看得哈哈大笑，欣赏着她过去的生命记忆。

最后，美雅说："我已经准备好面对死亡了，我自己的身体状况我自己知道。前几天我也写好给孩子和先生的信了，我会在最后发现自己没力气时，留下那些信"。其他成员抱着她哭，身为心理师的我，泪水也不禁在眼眶边打转。

"其实死亡也没有什么可怕的，大家不要哭，我真的很高兴认识大家，我爱你们。我现在不求什么，只希望我能在睡梦中离开。"她忍住泪水说着。

那次是与大家的正式告别，她还说，"提早了一年多准备面对死亡，这是我幸运的地方。在这一年多里，我过得很精采，我的一生中从没有这么充实过，在离开前，终于感到自己有真正活着的感觉。"

我颇有共鸣，人生活着质比量更为重要，美雅这一年多有很不错的生活品质。三个月后，她如所愿在睡梦中离开，而当她的家人听到她顺利地在睡梦中平静地走了，临床照护人员皆感到非常欣慰。

•心理师的临床笔记•

学习接纳自己的身体

亲爱的，你可能因为医学治疗而开始讨厌自己的身体，可能是手术切除了某个器官，可能是因治疗而一直感到疲惫，或是心的疲惫。身体变得不再是原本的样子，会让你失落、难过，甚至觉得自己不完整了，开始对自己的身体有些不耐烦，甚至是生气。这时候不要无限制地一直想像下去，稍微培养一些耐性，才能停止对于身体持续负向的抱怨。建议可以试试艺术治疗（Art Therapy）中应用的技巧。

若不排斥用画的方式，建议这样练习，没有时间和场地限制：

● 准备材料：一本A4大小的图画本，一盒十二色以上的蜡笔。

● 思考准备：贴近自己的心，准备好心理再练习。

● 画图方式：先画出一个人形（不要火柴人即可），在这个人形中画下想要疗愈的器官或部位，选任何颜色的蜡笔涂鸦在这个地方。然后，眼睛慢慢闭上，练习呼吸技巧，与画中人的身体该部分或器官对话，不论说什么，只要是正向的回馈都可以。

与身体的对话

平日可做一些言语与身体对话的练习，比方："亲爱的○○（身体部位），谢谢你曾经替我做事，服侍我多年，现在换我好好照顾你，我爱你。"随着自己的意识配合呼吸，传送氧气到这个部位，让这个部位好好放松及休息。

另外，若身体状况允许，做瑜珈运动也是很棒的与身体对话的方式，比方做肢体部位练习时，意识可停留在身体的伸展部位，感受肌肉的延伸。

乐天嬷的无常人生哲学

人生无常，日子再苦也要能快乐自在地过

癌症让人理解生命无常，许多人最常提起的是以前身体好好的，"突然间"就有了症状，经过一连串的诊断就到医院里来了。同样面对事情，有些人尽力学习面对"无常"，抱持着顺其自然的态度，培养出对生命乐观的健康心理。

有位年约六十岁的"乐天嬷"，被诊断为大肠癌第三期，定期住院打化疗。她跟几个护理站的人员关系还不错，是护理人员口中的"乐天嬷"，住院期间认识几个跟她状况差不多的病友，临床照护人员都没看过乐天嬷出现低落、担心的情绪。她总是安慰着其他类似大肠癌的病友，病友们也都能感受她正向的态度与希望，可以称为模范病友。

在医院里，因为每个人的状况不同，大部分有个人房、双人房、健保房（三人房）的选择。若是选择后面两种，大部分人最担心的就是隔壁床的是承受更多身体之苦的病人，或是严重的末期病人，会因身体难受发出惨痛哀嚎声，或是病程持续在进展的哭泣声。这些不禁让人跟自己的病情联系，担心自己有朝一日，也会变得这样痛苦。

这是癌症病人很容易被唤起的联想，住院前就会有"不知道今天隔壁床是什么样的病人"的想法。不过同样的经验，正向人格特质所表现出的行为也会有所不同。

乐天嬷每次都选择两人房，不过，不论她面对哪一种病友，轻松正向的态度总能迅速与隔壁床建立良好的关系。在住院化疗期间她不但**结交病友，更成为彼此的支柱，每次谁住院了，会互相访视。住院期间有个伴，是彼此很好的心理支持对象。**

如此正向乐观的乐天嬷，怎么会有与心理师谈话的机会呢？一开始，是乐天嬷自己主动想找我谈谈，第一次接触时，她利落的短发搭配爽朗的笑声，笑咪咪的笑容，形象正如其他护理师、医生所叙述的正向特质。

"其实你看我很乐观，我也是真的算很乐观的人啦，过得一直都很不错，老公对我很好，女儿也都很乖。不过我现在好想看我女儿出嫁，我怕是看不到了。想到这个胸口就有点闷，所以想找你谈谈啦。"她边说，眼泪边流，但迅速擦拭掉眼泪。乐天嬷说，她很久没有掉泪了，也不太习惯这样。

　　我相信她是一个保持正向乐观习惯的人，不过无论是谁面临自己的疾病变化，总有低落的时候。这次的化学治疗情形似乎没有以前好，所以她做了一些心理准备。"我要做最坏的心理打算，自己调整一下，我真的在努力了。"除了让她放心流泪，也试着理解她的挫折感，毕竟打了这么多次化疗，医生却说治疗效果不一定好，听到这样的结果，任谁一时都难以面对。

　　心理调整需要一点空间跟时间，两周后再见她，询问她调适的状况，乐天嬷笑咪咪地说："人生就是这样无常，这个不是我们可以控制的。我自己觉得努力就好，其他一切都顺其自然。"看着她的需求，似乎只是暂时需要有个人让她倾诉，因此不需跟她约后续的心理咨询。

　　从她的人生经验听起来，乐天嬷已经是"面对无常人生"的专家。许多患癌的人最后顺利调整完心态，就是能够学习慢慢接纳生命的无常，认真维护健康状态，努力配合治疗，同时也承认自己有低落的时候，并适时寻求帮助。乐天嬷正是这样的状态。

半年后，她来医院特别跟我打声招呼并带来好消息，送我一盒喜饼分享她的喜悦，"看见女儿结婚，我没有什么遗憾，也不贪求了，现在每一天过得开开心心就好。人生无常，能快乐自在地过一日就是一日。家人现在看我这样也比较放心了。"

后来她再被提起，是从几位病友那里听到的，他们总不断提起乐天嬷爽朗的笑容与生命态度，带给他们正向的影响力。

·心理师的临床笔记·

寻找心理支持团体

亲爱的，从一开始患癌最初诊断期间到治疗期阶段，每个人面对的治疗方式不同，所花的时间也不同。若治疗需要较长时间，我建议主动加入一些病友团体，有些医院会不定期举办免费的"心理支持团体"或是"病友会团体讲座"。有机会认识类似情况的病友或家属，以此交换资讯，彼此支持，善加利用资源也是提升抗癌生活品质的好方法之一。

需要稍微提醒的是，如果还没有准备好调适这个疾病，也不用急于加入。因为加入后，会有许多热心的病友分享大量讯息，或是给予情绪上调适的建议，这时若自我心态还没调整好，可能会适得其反，造成困扰。建议先按照自己的步调，待稍微调适好一些，再寻找病友团体的支持。

　　另一方面，身为家属陪伴者若要加入病友团体，协助了解一些资讯，当然也很好，只是建议还是要与病人沟通后再鼓励病人参与。

逆境中看见幸福的习惯

看似与他人无关的习惯，除了为自己找到光明人生，也能实质回馈社会

我的工作里总能看见许多人做各式各样的大小选择，导致不同的人生境遇，连面对患癌的态度也有天壤之别，同样面临治疗中不可预期的状况，有些人在逆境中依然看得见幸福，有些人则用自暴自弃的态度来面对最后的时光。

"习惯心理学" 提到一个人培养越多的好习惯，心理就越健康，所以若有机会培养一些还不错的习惯，你愿意试试看吗？

我还是新手心理师时，对癌症心理领域并不那么熟悉，也曾误以为癌症病人可能通通都因治疗之苦，需要咨询的病人都是没力气的，直到我看见一位态度很阳光的病人，我才认识到，有时真的如前辈所说，**病人也是医疗团队的生命老师。**

　　如萍在四十岁时就经历丧母之痛，父母先后过世，姊姊也相继患癌，她五十岁那一年，耳鸣持续了两、三个月，到大医院检查诊断出罹患听神经瘤，因是恶性肿瘤需要立即处理，医生建议动脑部手术，而如萍术后的恢复状况并不如预期中的好，医生担心她会情绪低落，找来了我。在她身旁照顾的哥哥，也心急如焚地请我给如萍一些心理支持。

　　当时的她，由于术后还有单侧脸颊麻痹状况，所以说话有些吃力，但她贴心有礼的态度令我印象深刻，一看到我就说，"你站着会脚疼吗？坐在我床角这边吧，怕你一直站着脚会疼。"

　　因麻痹状况导致如萍说话很费劲，所以会谈花了比较长的时间。不过也因她的敞开心扉，我在会谈间了解到她目前对癌症心理调适的状况、情绪压力状态，并对她过去的内在心理做综合性评估。接下来就是好好理解她，并给予真诚的关心。

　　"我哥哥他们很担心我吧，所以请心理师你来看我。"我对她笑笑点点头，她接着俏皮地说："其实我早就有心理准备了，因为家庭里好像特别容易患癌，不过我没那样容易被打倒，对我而言，最重要的是我一直很珍惜的亲情，这是我很幸福的地方。姊姊、哥哥他们从小都很照顾我。"

我继续听着她的故事，感受着她正面的感染力，她也继续说着，"有时，我也在想，幸好我自己是一个人，我这样没有结婚也没有孩子，若真的离开了，也能潇洒地走，这也是一种幸福。"

她一直都用正向感性与理性面对的态度处世，这次"突然的患癌经历"让她觉得离死亡很近，尤其动脑部手术前，医生告知其手术风险时，她就已勇敢且理智地把最坏的打算都先想过一遍，越了解她的过去，越能了解先解决问题是她的一贯作风，她总是把最糟的状况预想清楚，沙盘推演一番，做最好的安排。

人面临压力时，在心理上最难的莫过于理性、感性的平衡，在压力下做出最好的选择，这个能力是相当重要的。而如萍确实是能根据可能的医疗现实做准备，也感性地关注自己的情绪。

内在心理强大的人，总是信任自己有能力可以完成考验，理性地理解自己的手术风险，做最好的规划。感性的部分，她也诚实面对自己的心理状态，毫不隐藏，自然表达。

所以她早在脑部手术以前，就已将许多后事交代清楚，并签署放弃心肺复苏术的同意书，财产分配等都已向家人说了。"因为没有家庭，在这样的情况下也没有什么好割舍不下的，这是我一直觉得自己幸运的地方，这也是在逆境中找到幸福的能力吧。"她再次表达了她现在的心态。

"你知道吗，医生曾经在加护病房告诉我哥说，我当时状况很不好。不过我才不相信呢，所以我用很大的努力去恢复，每天都告诉自己一定要快点复原，每天在内心祷告。"之后，医生对如萍的恢复状态的确感到讶异，而这一切是她在心理上非常努力往前看，实际行动上也努力复健，配合医生医嘱才做到的。当然，家人在住院期间付出的关爱也是她心灵上很大的支柱。

后来收到她给我的小卡片："我觉得自己真的是个很幸福的人了，感谢你在住院期间对我的关心，在医院里能有个人让我很放心地敞开心房说话，的确能释放不少疾病压力。"

她现在复原状况良好，在追踪期间也着手计划安排退休生活。相信她在逆境中找曙光的习惯，会让她看见更多属于她的幸福。她现在在医院癌症志愿者培训中心，将疾病的经历分享给需要的人，这种"看见幸福的习惯"，看似与他人无关，但其实除了可以为自己找到光明人生之外，也可以回馈给社会！

·心理师的临床笔记·

理性与感性的平衡

面对医疗决策时，理性与感性的平衡尤其重要。这涉及成熟的态度与调节情绪的能力，所以建议在医疗决策前，面对即将要做的治疗先做以下处理：

● **理性评估**：与主治医生、家人有良好的沟通，了解医疗决策的风险与评估，或决定是否要做第二意见咨询。

● **感性理解**：理解自己当下的情绪，如果发现自己因焦虑、恐惧无法做决定，可以找信任的人共同讨论并决策。

精彩人生才正要开始

生命的价值由我定义！患癌的冲击，冲撞出精彩富足的精神生活

通过媒体报导我们会发现有些被诊断出患有癌症的病患，生活反而过得比健康时还精彩，我们会被那种正面能量深深吸引，追踪他们的博客，通过这些看见更多的美好与希望。然而，生命精彩与否，其实是由自己选择与定义的。

对于生命中的美好，平日不会特别去注意，总忙于适应外在世界。然而，当不论是自身经历或看见他人生命可能被威胁时，

或许会产生一股力量触动心灵，开始思考："过去的我，到底过着什么样的人生？"

一位标准传统文化环境中的华人女性妙春，大约五十多岁，原本过着平凡的生活。所谓的平凡是指生活规律的家庭主妇，但她的生活可是很忙碌的，有自己小小的杂货店，每天开店、收店、整理家务及轮班带五岁的小孙子，一整天下来总是忙进忙出，日子也就这样过去了。

妙春的说法是，"我每天做该做的、必须完成的事情，心情美不美丽，也不太重要，也就这样习惯了。"在平淡的生活中，维持着这样的状态。

三个月前，妙春突然被诊断乳癌第三期，虽然对于治疗和其副作用都还能接受，但面对单边乳房全切除，也有种淡淡的失落感，心情开始低落。她聊起最近在思考的事，"患癌后，很多事情都变了，我开始慢慢思考过去的人生，但就会越想越忧郁"。她情绪持续低落，也一直睡不好。

她主动来找我的原因，是她有次听到我在做"正念减压"（Mindfulness-Based Stress Reduction, MBSR）的演讲。她自己说，"我书念得不多，也不知道自己能不能学得来，但还是决定鼓起勇气找心理咨询师。"**正念减压是经由科学证实对人的身心有益的技巧，目前许多心理卫生专业人员在使用，像**

是使用身体扫描呼吸、冥想与慈心禅、正念瑜伽等方式，能有效提升睡眠品质，并降低焦虑、忧虑的情绪。

但我想，无论什么方法，最重要的是"愿意持之以恒地练习"，并养成生活里的习惯，才会有所成效。就如同许多人都知道什么是对自身有益的好习惯，但却难有动力持之以恒。

与妙春讨论正念减压最吸引她的地方，是带着她冥想、念慈心禅，这些可以让她感受到内在的稳定与平静。接着好几次的心理工作之前，她会在会谈室内先冥想十分钟，也会提到最近去哪些自然环境去练习。那边有一块大石头，她最享受坐在那边静心冥想，那是她自认为最棒的心灵时刻，也渐渐地开始觉得这样生活很棒。对她而言，这也是一种被放弃多年的精神生活追寻吧，我心里这样想着。

因为了解到她正在探索自己，我想要更了解她的日常，便邀请她写"家庭作业"，一本A4大小的空白笔记本，记录了她所有自我练习的痕迹。"心理师，我可以自己创冥想前的指导语吗？"我很开心地回应，"哇！你真棒耶，还会自己灵活使用技巧，也很用心在做家庭作业！"她让人体会到，原来在大自然中做冥想是很美丽的一件事。

有份作业内容就是这样子的（她记录了她创造的指导语，请我帮她修润让文句更流畅些）："亲爱的大自然，现在我选取了一块大石头，坐在这大石头上让我感觉与大地连结，让我感受到自己的存在。此时我正在呼吸，享受这一切，谢谢你！大自然。"接着她继续享受一呼一吸，每天如此。

另外有份"关于自己"的家庭作业，画自画像，画里写着"好妈妈、好媳妇、好太太、圆满的自己"，我继续探索性地问，妙春说，"我替自己找到了一个意义"，很开心她把每个角色都扮演得很好，感受到**"生命圆满的喜悦"**。现在的她，每天都会抄经，也开始学习感恩，觉得自己的人生很精彩。

她自己努力持续了半年，睡眠的问题早已改善，内心也获得真正的平静。她告诉我，"心理师，谢谢你教我的方式及会谈，这真的让我的人生精彩许多。我书读得不多，但我现在真的过得比患癌以前还精彩。"

最后妙春说，前阵子为了感谢我，她每天帮我及她觉得重要的人抄经。虽然我不太清楚这件事情，但我真的必须说，回想那段时间，我真的感受到运气特别好，谢谢她！

患癌的冲击，或许是另外一个"精彩人生"的开始，你说是吗？

·心理师的临床笔记·

正念减压——慈心禅

在精神、心灵层面需要照顾时，鼓励使用适当的宗教追寻力量，来协助自己灵性成长，并寻求适当的社会支持。也鼓励学习正念减压技巧，这是一套去宗教化的心理学方法，同时是一种很好的心理自我照顾方法，可以提高对生命的感知力，提高睡眠品质，减轻生活压力。

分享我一直以来做的正念减压中的"慈心禅"练习版本，你也可以自己创造心静的慈心禅，找回内在的平静感。

"愿自己心中有爱，愿我平安、身心自在，愿家人平安、身心自在，愿朋友平安、身心自在，愿〇〇（人名）平安、身心自在，愿整个世界的人身心平安自在。"

在感恩的日子里遇见奇迹

感谢老天爷给我这个机会，接下来我会努力活得更好

前阵子医院里掀起"写感恩日记"风潮，而在这波活动前，馨姨就通过确切的想法和行动，在日常里过着乐观的感恩生活。这个令人印象深刻的病人，甚至让我相信了奇迹的存在。

约四十五岁的馨姨，告诉我她从来都没有想过事情会发生在她身上，但她也天真地说，"现在已经发生问题了啊，我们要想办法配合医生，然后更爱惜自己的身体啊，多烦心也没有用啦。"

她是带着明确的目标来找我的，想要咨询我什么样的心理调适方法是更健康的，希望能学习一些放松的技巧，帮助她做核磁共振扫描时，面对检查仪器不要过度紧张。

一开始，因为身为心理师的职业病，怀疑她其实存有潜在的抗拒，以为在她阳光般的笑容下，会带来很压抑的故事。但后来确定是我多虑了，她真的只是很简单地抱持着想学习更放松一点的单纯心态而已。

后来也就因这个单纯的目标约了会谈，会谈中我除了教她一些简单的肌肉放松训练外，也进一步理解了这位可爱乐观的馨姨。她总是将注意力放在正面，信任自己，而我也常给她正面的回馈，支持她生活中的"感恩练习方法"。

"心理师，跟你说喔，我呀，其实很感谢我有很棒的先生、孩子，然后我的医生也超级棒的，讲解得很仔细，现在还可以跟你会谈，我每天都笑得很开心，活在当下！我也常告诉我的先生说，不论后续发生什么事情，如果真的治疗不好，我可以承受的，我是乐观的人啦。"**因为有些是命中注定的，不过也有些是我们自己可以努力的。**

她每日健行一小时，抱着赤子之心去接触大自然，晒晒太阳，感谢双眼所见的美丽事物，常常觉得"活着真好"，大方与我分享黄花风铃木的美、阳光下麦穗闪耀的光。会谈过程中，真的可以感受到生命中的美好，她表示未来也会持续亲近大自然。

四次谈话间，除了偶尔会倾听她生活的日常，有时我更像是她感恩练习的见证人。她是第一位向我揭示，自己平日就有对生命感恩习惯的人，也因为她的缘故，我强烈感受到人的感染力十分重要，她浑身都散发出对生命的热爱。

馨姨没有特别的信仰，但总说神或祖先真的很眷顾她，每天都自动做感恩练习，比方一早起来就觉得，"哇，好美的太阳；好开心自己还活着"。不过她也承认来医院会稍微紧张一点，所以想要找我帮助。她自己的感恩练习做得非常彻底，在院内的病友会活动中，也会对家人、医生及所有团队的人表达深深的谢意，感谢每一个陪伴过她的人。

"能活在感恩的日子里，真好"，这是她自己很深的感触，她温暖地微笑着说了这句话。

我曾问她，做感恩练习是为了什么或是受到什么启发吗？她说那是发自内心真心想做的事情，即使最终的结果是疾病治疗不好，但她也活得够精彩了。

她在几次谈话中，已成功学习到肌肉放松的技巧，解除了面对检查仪器时的焦虑感。"深呼吸，肌肉慢慢放松，感觉自己的肌肉是可以控制的，深呼吸、吐气，专注在自己的鼻吸呼气里，想着我已经慢慢地克服"，她认为这对她是有很大帮助的。

这样正向的生命态度也决定了生活品质，馨姨很清楚到医院就诊时是病人身份，但在日常生活里，她还是活得跟以前一样。馨姨说她先生本来很担心，但见到她如此乐观，原本深锁的眉头也展开了。

治疗一段时间后，医生告诉她，体内没有癌细胞了，她喜出望外地告诉我这个生命奇迹，并且强调非常感恩老天爷给她一个机会，她说接下来她会活得更好的。当时我非常意外，这是我第一次听到在短时间内从第一期复原到零期的病例。我不禁联想，难道是因为她每天做感恩练习、活在喜悦中的正念，所带来的好消息吗？

这不是个科学推论，但亲眼见证她积极实行感恩练习的行动之后，可以确定的是，一直**抱持着感恩态度回应他人，会让自己有正向力量去注重自己的饮食、运动习惯，也会获得调整心情的能力**。无论原因为何，我很替她开心。有了这个真实故事，也让我相信仍然有奇迹存在。

但最重要的是，同时怀抱希望，也真的有所行动，积极地实践在生活层面的重要态度。

当她跟我说："心理师，我希望我们不要再因癌症见面了喔。"我立即会心一笑，互相拥抱，她的拥抱代表告别，我的拥抱则充满祝福。

·心理师的临床笔记·

提升生活品质的感恩练习

没有人可以否定感恩的力量有多强大，**感恩会带来内在的慈悲感，让内心拥有更平静的感受。**以正向心理学（Positive Psychology）观点来看，当决定这样做时，你已让大脑将认知放在正向的注意力上。

感恩练习有许多种方式，只要有动机想做，可以通过不同的形式来实行，成为习惯后，也可用你的方式记录感恩练习后所带来的改变：

● 拿着想表达感谢的人的照片或信物，看着照片做感恩心意表达。

如：感谢自己在辛苦的治疗过程里，自己的意志、身体皆完成了治疗。

● 每日写下、默念，或直接对着想感谢的人、事或大自然表示感谢。

如：若遇见可信赖、可沟通的好医生，也感恩自己如此幸运。

谢谢这场意外，让我专注于内心调整

唯有看见更多可能性，才能有优雅态度，为自己做最好的安排

> 许多刚患癌的人，心灵上会有一段时间处在适应状态，那是一种世界都变了样的感受，唯一想做的事情就是快点痊愈，回复原本的生活，所以每天都数着日子，期待快点病愈，再次站起来。但其实有更多不一样的选择。

沛璇是一位皮肤白皙、带着典雅内敛气质的二十三岁女性，被诊断大肠癌第三期，因年轻患癌，医生担心她的心理状态，故请来了心理师。这么年轻的生命，突然被如此重击，的确会造成一时的调适困难。

我一进病房先简单自我介绍，期待她能放松些，所以使用较温柔的口吻。她一看见我就疑惑地说，"医生是通过心理师来告诉我，我生命不久了，顺便安慰我吗？"我连忙说明，访视的原因只是医生单纯担心年轻患癌，内心会更受挫折，才请我前来谈谈。

"喔，原来如此啊！"她笑笑点了点头，看起来十分随和，接着说她患癌不久，这段过程是多么、多么惊讶，好不容易慢慢花了一个半月的时间做心理调整，现在感觉好多了，也较明白接下来的方向。

我问她这一个半月是怎么调整的？"现在其实想多了好像也没用呢，因为该想的也都想了，也加入了许多癌友联盟，像是脸书上的癌友团体，但最终还是觉得，回归到自己如何看待患癌这件事比较重要。"

接着沛璇提到原本计划要去考国考，但突然就患病了，只好先办理休学。"刚开始患癌，总有一种世界全部都翻转了的感觉。我没有遗传因素，为何是我呢？尽管再怎么缜密推断过去生活习惯出了什么问题，想要对于患癌的原因追根究底，满脑子都在想这些，但终究是要面对现实来医院诊治。一开始是用无奈的心情来配合医生治疗的"，她流畅地表示出许多刚患癌的人，皆会面临的心境转折。

沛璇接着说，原本以为人生就会这样顺顺地过下去，或许考过国家考试之后，找到不错的对象就结婚生子，过着平凡的人生，从没想过会有如此"不平凡"的生命经历。我想，患癌这件事情不管在谁的生命里，都算是不平凡的经历。

　　我同情她的遭遇，进一步探索她对生命的感知。她微笑对我说："其实也真的因为患癌这件事情，让我重新思考自己的人生，思考我是怎么样的一个人。"她说她以前觉得自己是个很容易与人有距离的人，无法跟人太接近，因此与人保持着距离。

　　"患癌后，才知道这个世界原来有这么多真诚关心我的朋友与家人，除了感恩之外，也有一种感受到美好的心灵状态"，体悟到这种感受后，她决定要让原本稍微封闭的心慢慢打开，敞开心胸去接纳别人的关怀，也好似有一股不知从哪来的决心要改变自己。**在平凡中的不平凡经验，是要让我们专注在内心调整。**

　　嗯，接下来还有什么打算呢？"接下来，治疗告一段落后，我想去别的地方走走看看，我现在满感谢这个疾病的，内心反而有了平静、安心的感受。"我专注陪伴她叙说这个决定，聆听她分享她现在所体悟到的，这个疾病所带来的意义。

　　"然后，我现在的计划就是乖乖地配合医生做治疗，也注意营养调整，像那些营养知识我也都问好了，在调整饮食计划，不过你也懂得，计划不能一次计划太多，因为会遇到什么事真的很难说，对吧？"我明白她的意思，如同这场疾病，也是意外降临。

沛璇不断地告诉我，她现在才有一种人生醒来的感受，**以前心理是向外面的世界看，现在能对自己微微笑向内在看了。**另一方面，与人关系的亲密度上，"通过这次的经验，我才有机会检视自己过去封闭的态度，检讨自己觉得人是可以独自生活不需要他人的想法"。而我也陪同她找到一些意义，即便一夕之间原本的世界变了样，但内在心灵的改变与丰盈，则是可以慢慢探索，并使之成为永恒。

后来她经历了几次化疗，听说她肿瘤的状况控制得宜，订了机票飞出国去走走，并持续思考是否继续原定计划去考试。

看她不疾不徐的优雅态度，慢慢地自我调整，生命里已多了弹性。从她的视野中我学习到，人生要有大致的计划，但面对意料外的事情，心理也需要保持弹性或学习弹性才行。最重要的是她愿意**打开思维的广度去看事情，遇到问题、限制，永远要记得去探索，在取舍之间，有没有更多的可能性？如此，才有机会为自己做最适合的安排。**

·心理师的临床笔记·

意外后的生活计划安排

在心理层面的调适，患癌确实是一种压力，为了去医院治疗，原有的生活必须做很大的变动，如工作需请假、学业暂时停摆等，建议有一些基本生活的安排计划，以降低更多的压力源。

患癌或重病后的生活规划方向：

● **经济支援**：了解医疗费用的估算、保险层面的申请事宜、急难救助金、患癌子女奖学金申请或其他新的社会资源，可请医院的癌症病人管理师协助转介社工师（员）进一步了解。

● **情感支持**：了解自己的主要照顾者或陪伴就诊对象，并多沟通。

● **营养规划**：询问医院的资源，住院中可能有营养师的咨询服务，需进一步了解自费内容。

●**持续学习**：询问医院讲座或病友会，Hope 希望基金会、台湾癌症基金会等，都提供免费学习课程。

●**家庭角色的重新安排**：比方原本是你负责接送孩子，家事由你负责，这时候可以跟家庭成员沟通，一起重新规划安排。

●**时间管理**：若有良好的时间管理安排，能让生活比较有控制感。询问医生的治疗计划，并妥善安排你的时间；询问癌症病人管理师你的治疗药物可能产生的副作用，安排适当的休息时间。

一个人久了，也想要被拥抱的温暖

卸下独立自主的形象，才发现原来自己是如此脆弱

随着岁月推进，我们都能理解生、老、病、死在生活中不断发生，甚至是亲身经历，终会明白，面对死亡，始终是一个人离开。当有这样的体悟后，我们也会同时感受那份孤单与人的脆弱，而我的职业正是不断地面对这些……

一位教西班牙语的大学女教授，走进会谈室时，戴着颇有个性的棕色镜框，眼睛细细长长的，即便有眼镜挡着，但专业气质及犀利眼神依然表露无遗。"您好，心理师，"说话方式充满自信，"医生叫我来找你的，"接着，她澄清自己没有任何

心理问题。

"嗯嗯，当然，我明白的。"我点点头微笑回应后，稍微关心了一下，"整个过程都还好吗？不论是身体或是心理承受的部分，就说你想说的就好。"

从她的谈话间，我可以理解她一些价值观（认知）以及现在受困的情绪，一直抱持独身主义的她，现在面临生命的突发状况很受挫。在前几分钟，我用心倾听她想要传达让我理解的心情，也把情感回馈给她。说着说着，她拿下眼镜，眼泪跟着掉了下来，那段话我印象非常深刻：

"在患癌之前总觉得人一辈子把自己照顾好就好，这也是我一直活得比别人自在快乐的原因。我没家庭、没小孩、没什么经济负担，房产、保险各方面的规划我都老早规划完整，也准备提早过退休生活，继续到处旅行，结果……没想到……现在的我什么都不能做了。"

当生命里出现不可控制的意外时，多少会有无所适从的时刻，一直以来不断计划、努力达成的人生，到底算什么？巨大挫折感，是老天爷给她的难题。

她眼泪扑簌簌直掉，"我在朋友面前是很坚强的，他们根本不知道我会这样，甚至连今天出现在会谈室里，我周遭的朋友绝对很难想像"。我注视着她问："那你在朋友面前是怎么样的呢？"她擦擦眼泪告诉我，"他们都觉得我能一个人把所有事情处理好。我也都尽量不让他们担心。"

我看着她的表情直接说："我想，你应该第一次发现自己还蛮脆弱的，有一种不知所措的感受，然后又不想让其他人担心吧。"她点点头，哽咽着叙述她如何年轻时就决定一个人生活，但完全没有想到，自己还是需要人陪伴的，想到化疗，虽然有弟弟、弟妹愿意照顾，但总觉得会麻烦到他们，担心未来若有更多需要照顾的地方，不想要外劳或看护陪伴过下半生的感受。

"我接下来要一个人化疗，一个人面对许多医疗行政手续，可能还要面临治疗上的失败，我真的第一次发现自己其实很脆弱。"这整个心理工作的过程中，她不断地告诉我，一个人非常孤单。我想，**即便平常的人格特质是独立、理智的，但面对生命中的挫折，独自面对的孤单状态，心里还是不好受**。

后来进一步了解到她长期一个人应战的疲惫心情，她试着从咨询练习中放松地谈脆弱的部分，而我也在每次的晤谈陪伴她，让她多些对自己的关注。老实说，也没特别深奥的心理学理论或心理分析，就只是单纯的、深层的、高度同情的陪伴。

那次会谈结束前，她说，"你知道吗，我是个自尊很高的人，绝对不会轻易向人说出'我需要你'这种话，大概也是一个人习惯了，在你面前哭出我的无助感后，心里就好多了。很感谢有你的温柔陪伴，我真的好多了。"

我回应她，"你自己决定，需要的时候就来找我预约，不用担心太多"。她对我说："我知道接下来还是要自己学习调适，但我会听你的，需要时会主动寻求帮助，再会。"

许多有经验的心理治疗师皆能明白**"坚强的状态"只是人的其中一种面貌，若常过度使用某个面貌，把自己伪装起来，会很难回复弹性**，除非慢慢剥开自己，才知道这里面有许多潜在原因，我从心底感谢她对我的信任。

•心理师的临床笔记•

学习倾听内在的"孤单感"

从一开始独自接受诊断结果，治疗，承受治疗的副作用，面对反复入院的无助感，治疗中的焦虑与结果……种种意外接踵而至，能说患癌不孤单吗？许多人买相关书籍，或是加入病友团体，又何尝不是期待一种陪伴孤单的感受。

孤独这个议题会随着不同的人生阶段出现，呈现渴望陪伴的状态。在患癌的阶段，若能适当地向信任的人坦然说出自己的脆弱、孤单，寻求他人的温暖或支持，也是一种自我照顾的方法。

　　然而，患者也需要学习倾听内在的孤单感，为自己安排一些空间及时间停留在那样的感觉里，倾听这份孤单感受的成因，并记录下来。那些被写下来的文本也是一种照顾自己存在的方式。

　　临床经验中，患者病人内在的声音被了解到了；内在就会发展出稳定的感受。

猫的温柔陪伴

当我心累了，其实不需要太多鼓励和建议，只要最单纯的陪伴就好

> "陪伴是保持静止，而非急着向前行，是发现沉默的奥妙，而非用言语填满每一个痛苦的片刻；是用心倾听，而非用脑分析；是见证他人的挣扎历程，而非指导他们脱离挣扎；是面对他人的痛苦，而非强加秩序与逻辑；是与另外一个人一起进入心灵深处探险，而非肩负走出幽谷的责任。"——阿伦·沃菲尔特

我很喜欢以上这段话，由国际悲伤心理治疗专家阿伦·沃菲

尔特所提出的陪伴态度，强调陪伴关系的重要性。而这段话，让我想起一个病人，每次谈话他都会谈到饲养的猫咪如何陪伴他，那猫咪之于他就好像阿伦所说的那种陪伴疗愈的关系。

还记得第一次会谈时，二十七岁的佑东提到，当时他正想好好冲刺事业，虽然三年前母亲罹患肺癌离开，心里也明白自己患癌机率相较于一般人高，但也没料到事情还是发生了。

不得已的，拼了好久终于被升为小组长的佑东，必须要向公司请长假在家休养。爸爸妹妹轮流照顾，但因为不想家人担心，所有情绪他都选择一个人默默承受。有时，甚至会因疾病而变得易怒，连自己也不知道为什么，与家人冲突后心情只会更加苦闷。

佑东没有伴侣，但有三五好朋友，因为不想带给他人负面心情，一直以来都是一个人承受所有，倒是养了两只波斯猫。

"当我第三次来医院化疗时，我一个人在厕所哭。那时，我也不知道自己怎么了，就觉得我的人生怎么会变成这样子。"佑东用全身的力气啜泣来表达难过。

我陪伴着他，让他把情绪都安心地宣泄出来，等他都哭出来了，舒服多了，感觉终于不再是自己一个人憋着。我同时也更理解这份心理工作，让人安心地哭泣有多重要。

每次来医院化疗，都让他怀疑这样的日子不知道还有多久，打化疗的结果也只能听天由命。从他的叙述中，我明白那又是另外一种孤独。只是接下来的这段话令我印象深刻，他说，**"有时候动物比人还值得信任呢"。**虽然我自己也有养猫的经验，不过还是想多了解他想要表达的意思。

"有一天我打完化疗回家后，心理不太好受，正在想放弃治疗，我就发现我的两只波斯猫好像很有灵性似的，平日都不主动与人接近的它们，跑到我的大腿上坐了半天，幸好那天还有它们呐。"

我想像着那个疗愈的画面，"那一天，它们两只就睡在我的大腿边，一人睡一边，让我无法抽身，没想到我竟意外地感到特别平静。"

接着他又说了一段感触，让我一时之间还真是难以回应。"有时候猫咪比人还值得信任，陪伴如此单纯。有些朋友告诉我要积极面对，但是真正付诸行动来看我的也只有两、三位；有些同事期待我能够快点好起来，但我也明白是因为我身为工作团队的一份子，他们期待我能够快点回去，不要影响到团队工作的效率，这些都是很现实的。"

"我想你是在说对人的失望吧，你对人是不是不太能信任呢？"

"没错，我觉得这个社会其实满险恶的，有许多的利益冲突、很多人也都是自私的，许多人与人的交往关系只是流于

表面。"

人随着时间长大后社会化，确实有些关系不会如此良善单纯，不过是什么让佑东对人如此失望？这些线索都是日后与他心理沟通的重点。

我持续倾听他对人的价值观，这些都是从过往经验累积起来的，并不需要去改变什么，"目前你处于一种对人失望的状态，但也可能一直以来你都很难向人表达你在脆弱时的需求，也不愿意让人有更深的理解。"

造成这样的原因，当然每个人都不尽相同。不过，在临床经验里，人对人的失望不算少数，也许人在脆弱的时候，更能敏锐地感受人与人的关系。

"我能理解你现在对于人际关系也有压力，在工作中要回应老板、还要回应同事的。这些表面的事情都在花你的力气，让你心很累。"

接着佑东苦笑了，指着心脏的位置说"这边"真的累坏了，幸好还有两只波斯猫陪伴他，接着说，"我其实满怕自己的情绪是不是出现状况了？因为上次心累的时候，刚好被安排靠窗的住院病房，看着窗外，有一种想要跳下去的冲动。"

"嗯嗯，那没有做化疗的时候呢？"

"其实平日情绪也是蛮低落的，真怕自己最后会因此而崩溃。从患病到现在治疗期间，也一年半载了，心也倦了，常思考人活着的意义到底是什么。"我能明白，虽然他还不至于付诸行动去结束生命，不过一个人承受的孤单感已经让他认不清"活着"的意义是什么。

于是我邀请他，"接下来的两次化学治疗，我会到病房访视，也许轻松陪伴，聊聊猫咪，探索活着的意义，边聊边评估心理状态"，佑东立即答应了。

最后我问，"现在谈完后，你的'那里'（指心的位置）的感觉如何呢？从一分到十分，十分是相当难受，现在的感受大概几分呢？"

"大概一分吧，是平静的感觉。"原来我的专业陪伴效果跟猫咪一样，我心里这样想着。（笑）

·心理师的临床笔记·

如同猫咪的同理心（Empathy）

一般而言，同理心分为认知同理心（Cognitive Empathy）、情感同理心（Affective Empathy）：

● **认知同理心**：又称"心灵内化"（Mentalizing）"或"心智理论"（Theory of Mind），意思是理解并推测他人心智状态的能力，意即我们能藉由对方的脸部表情、语调、肢体动作来推测对方想法、意图、感受的能力。

● **情感同理心**：一种以正确的情感回应他人情感状态的能力，又称"经验分享能力感受"，指的是心理共振及分享他人情绪的能力，意即当我们面对对方的情绪时，能感觉到他的情绪（感受），也唤起自己同样的情绪经验（共振），进而让对方知道我们正在共享同样的情绪经验（分享）。

当能够正确使用认知加上情感的回应，并有同理的动机（上述的同理心来完成其动机），才能协助他人。在陪伴癌症病人时，有时陪伴需要**如同猫咪，学习适当的沉默，并专注聆听，静静陪伴**，再以同理心的态度陪伴。

为了让读者简单应用，身为亲友家属可以用的同理方式是**"正确地理解现在的状态加上情感回应"**，以下用两种常见状况来说明：

● 理解做癌症治疗的人身体很疲倦，所以可能不想说话的感受，可以情感回应他"我知道你很辛苦，看着你这样子我心里也不好受，若有需要帮忙的再告诉我。"

● 理解癌症病人做了长时间的治疗，却发现治疗效果不佳，可能会有挫折感，而身为人都有遭遇挫折的经验，同理感受，这时可以情感回应，"我知道你现在会有很深的挫折感，也可能会担心很多，让心稍微休息一下，有什么需求再跟我说。"

若身为病患，别忘了理解自己的状态后，再与身旁的人沟通。比方若感到自己不想说话、没有胃口或是治疗疲惫想放弃时，跟家人说，"先别担心，我只是想要静一静，我理解你们很担心我，但我真的只想放空。"

冲煮一杯名为"尊严"的人生咖啡

我从前过得精彩无比，即便到了生命尽头也要保有最后的尊严

> 我从一开始不太习惯，到现在习惯进他的病房时，先是闻到满室浓郁的咖啡香气，探访时还能喝上一杯现场手冲的精品咖啡。因为治疗的副作用，鼻子失去嗅觉能力的他，在熟练动作下如常手冲精品咖啡，迎接每个来探视的访客。

年约五十岁的阿忠，被诊断食道癌第三期，经过多次化疗，最终还是转移了，医生说治疗效果不佳。

去阿忠病房前，我看了一下上次病历上对他的评估，写着建

议："若病人遇到治疗预后不佳，建议提早转介心理师。"每次写着这样的建议时，总是不希望又被照会，因为那代表病人在这段期间经历过很多的努力，结果却不如愿，我也不希望踏着如此沉重的步伐走进病房。这次的照会转介原因，写着"病人治疗预后不佳，心情低落"。

到病房后，我礼貌性地对阿忠打招呼，阿忠说，"今天有阿拉比卡的豆子，早上冲了一壶给同层的护理人员品尝，我再冲一杯给你喝。"看了看他个人房的环境，一组八个精致小巧的白色陶瓷杯，一台手摇咖啡豆研磨机，忍不住好奇地问，"这些是……？"他笑着说，"就喜欢泡咖啡给人家喝，这是患癌后培养的兴趣"。我点了点头，在他病床的旁沙发坐了一会儿，等待他冲煮出一杯香醇的手冲精品咖啡。

坦白说，我没有喝咖啡的习惯，但这是阿忠特地为我泡的，先试饮了一口也觉得顺口温润，刚好当天的气温只有十八度，微冷的天气喝一口浓醇热咖啡，内心不由自主地感到温暖。

我喝了一口之后，正想也帮阿忠倒一杯时，他阻止了我，"医生交代我不能喝，而且因电疗的副作用，也闻不到咖啡的香味"。不过他也提到不会因此而在意，就是想泡咖啡给访客喝，他知道会谈有三十分钟，所以是可以喝的。

我关心地询问阿忠关于治疗的失败，他回应说，"真的什么都不能做，也只能面对，只是会觉得一直这样下去，干脆不要治疗好了"。我理解阿忠的无力感，似乎此时也只能理解，什么都不能做。

不过，陪伴病患去谈自己的无力感是我工作中与之交谈的重要内容，**唯有看见自己的无力感，才有可能慢慢地调适心理状态**。至少阿忠做到一件事情，"你一直都很诚实地面对自己的感受，没有回避。"我这样对他说。

与阿忠谈到过往的人生经验，他说，"发病前我总是感觉很有力气，但现在就会觉得生病的自己等于自己所有的总和了"，但其实，病后的状态只是人生的一部分，在我们的人生中有非常多经验，每一个累积的经验，成为现在的自己。有些人会认为自己"就是"这个病人的角色，而忽略其实成为病人"仅是"其中一个生命体验而已。

阿忠在患病前的人生很有意思，他总是积极培养兴趣，并专注于人生历练。他热爱潜水，分享海底世界多么绮丽，以往每个月至少潜水一次，享受探索海底世界的惊喜……他就是这样一个喜欢户外活动、喜欢带家人出去到处走走的人。

一向积极探索美好生命体验的他，现在却担心未来会成为家人的负担，想到这儿他就透露些许无奈。我表示能理解，但也同时追问，"你接下来还想做些什么呢？"

"有尊严地活着就好，其他就顺其自然。"

"如同你坚持手磨、手冲精品咖啡一样，这种细节上的质感要求，也代表着一种尊严吧"，我这样回应他。虽然治疗的副作用让他的鼻子已经闻不到咖啡香，但还是能感受到在他熟悉的动作下，冲泡咖啡给访视者喝，介绍咖啡豆的精致生活态度。我一边喝他冲煮的咖啡，一边倾听他对于人生抱持着顺其自然，但要有尊严的想法。

在医院常常看见许多面临生命课题的患者，因为满怀着期望治愈，所以愿意承担过程中的苦痛，但当一连串深刻无奈的感受不断袭来，身心承受难以言喻的苦，似乎也只有承受者才能明白。

人要的"尊严"是一种基本的心理需求。**"尊严"除了在医疗场所中，医生、护理师或其他临床人员可协助给予之外，病人本身也需要学习"在有限选择"下的心理调适方法。**如同这个故事里的阿忠，讲究每一个手冲咖啡的步骤，甚至把整套高级咖啡杯具都带来医院，那是他调整自我心态的一种方法。

·心理师的临床笔记·

讨论"追寻人生的意义"

意义的追寻对我们人类尤其重要，或许有时候也可以这样问问自己；若你身为陪伴者，或许也可以陪同受照顾者谈论这些问题：

- 在人生经验中，有哪些经验是你觉得最充实的？

- 有哪些事情是你期待家人或朋友记住的？

- 哪些经验创造出来，会让你觉得有尊严？

- 你这一生最重要的事情及成就？

- 有哪些事情是想对重视的家人或朋友说的？

- 有哪些人生经验想要告诉别人，或是想传承给他人吗？

我一定是上辈子做错事

面对生死，连养心训练充足的出家人也难逃执念

在中华文化底蕴之下，有许多人深信因果论，相信此生的遭遇都来自上辈子的恩怨情仇。临床工作中有些人受患癌治疗所苦，总想着"难道我上辈子做错了什么事情才会遭致这个恶果？"日复一日无奈地问着苍天。

她是一位面貌清秀的出家人，法号"善心"，年约四十出头，半年前被诊断肺癌第三期。

"心理师，我可以跟你谈谈吗？"她主动预约心理会谈，穿着袈裟站在心理会谈室外。半年前善心师姐刚被诊断肺癌时情绪

焦虑，因而病房请我过来，这次因为她骨头转移，饱受身心之苦，所以再次前来。

她问了与半年前相同的问题，问我如何看待因果这件事情？善心师姐相信因果论，所以她相信这辈子势必要受这样的苦难。

她无助地掉泪说："你会觉得我很没用吗，毕竟我是一个出家人，面对生死却还是调适不过来。"我的回答也让她放心了，请她不要担心，我不会给予任何的评说。

以前到她的病房都能看见几位师兄、师姐陪着她，病床边也摆着佛经，她布置成一个让自己安心的空间。当时善心师姐非常难过，但碍于出家人的角色让她无法自然流露情绪，担心其他人会想，"出家人不是应该看开生死吗？"

她认为自己从二十岁出家到现在一直以来心都是向善的，怎么会罹患这样的疾病，认为肺癌不该发生在她身上的，好不容易经由师兄、师姐陪伴劝说，她才慢慢接纳了这个事实。

半年后疾病又复发，确认是骨头转移，现在她几乎每日都感到疼痛，甚至痛到影响了日常生活。根据善心师姐形容背部的疼痛感，就好像拿热水不断地冲，她想要缓和那样的痛，冲洗时眼泪也拼命流，心里非常无助。她偶尔也会打电话到办公室请我陪她说说话，转移注意力。

我请她先与医生讨论好疼痛控制，再来找我谈，这次她疼痛控制稍微好一些了，但又陷入从前的思考模式，"我一定是上辈子做错什么，才会受到这样的惩罚。"

"我每天都在想这是什么样的业力，所以必须受这种苦？真的很苦，你知道吗，师兄、师姐他们都告诉我要坚强，要听师父的话，能做的也都做了，禅我也打了，但心里还是很苦。"

善心师姐讲到这，我眼眶都红了，出家人平日的养心训练已经比一般人多许多，在他们的人生里，又何尝不是看见众生的苦，同时也在修行着。我好奇地问，"什么原因让你想要修行呢？"我想要多方面了解出家这个决定对她的人生意义。

她笑了笑说是感情因素，曾经很爱一个男人，后来对爱情失望，采取这个方式来放下，现在对于爱情也真的完全看开了，认为自己的感情是不属于尘世的，也从没有后悔做过这个决定。

在出家人的养心训练中，对于尘世是不能太执着的，但她没想到自己却执念于想不透为什么会患癌，这些念头重复在脑海里播放。

"我知道找一个理由听起来对你还蛮重要的，所以你才会一直想。"其实对许多人来说，正需要个理由，才愿意理解眼前的现实，但我们也常常不放弃地一直找理由，找到无法自拔，最后把自己捆绑住，而忽略了须先解决眼前的问题。

接着我对她说，**"过去的因果我们没有办法知道，重要的是**

现在的修行。苦是你在受，但我知道你不会孤单。我看到你的行为，受限于自己是出家人，而不采取积极的行动询问主治医生疼痛问题，这反而会让你的生活品质更差。"

这过程中，她告诉我，我是唯一让她先暂时卸除出家人身份的，很喜欢跟我谈话时自在的感觉，期待我能听她慢慢说话，陪她谈论尘世里的想法，也表示会积极配合医生并沟通疼痛控制。

最后一次谈话结束后，她从包包里拿出一个小小的佛珠玉环挂饰给我，"这是结缘品，我觉得找你谈获得了心灵上的平静，我们有缘，希望这结缘品能带给你祝福。"

•心理师的临床笔记•

疼痛控制与心理

亲爱的，所有癌症引起之疼痛均属身体之疼痛，若不适时处理则会对心理产生不良影响，愤怒、不安或降低求生意志。无论病人或家属，都要注意心情、求生意志等，这些均会影响其对疼痛之感受，所以与医生沟通时，要明确告知疼痛的状况、心理压力或感受，不要强忍，让医生多方面评估，并积极配合医生的疼痛控制治疗。唯有做好疼痛控制，才能提高生活品质。

面对因果论

在临床工作中发现许多罹患癌症的人常问，"我这辈子明明就是个好人，既没有伤害谁，也一直奉公守法，没做过什么大坏事，甚至时常助人，为何老天爷选我？"若只是一时的感慨倒也无伤大雅，可以理解，但若长期以往，陷入胶着思考，则必须了解形成癌症的许多原因，若将焦点放在"因果论"而让自己一直处于消极状态，很容易忽略"活在当下"的状态，长久会影响调适心理的状态及生活品质。

我不怕死，只怕不得好死

该如何让家人知道，我不是放弃治疗，而是放弃最后难堪的急救？

不论贫富贵贱，每人都会面临的共同问题就是"死亡"。英国才子作家艾伦·狄波顿（Alain de Botton）创办人生的学校教育机构，哲学课程设计得相当"时尚"，受到大众欢迎，反映出现在已经是一个可以谈论死亡议题的时代。

不论在哪个时代，什么背景，哪种出身，谁都想好好离开这个世界。**"我其实不怕死亡，因为那是人生的必经过程，但是最**

怕的是要死死不了，不得好死"，这句话多么贴切，这已经不是第一次听到末期病人这样告诉我了。

勇叔也是其中一位，他不断地说，"人活着，就是求'好死'二字的心愿而已。"

几年前，勇叔初次确诊口腔癌时，病人管理师看他有些沮丧，所以找了我。那时勇叔告诉我，"我没事，再怎样的难关，我一定会跟它拼下去。"让我看见四十五岁大叔的魄力及勇气。后来勇叔跟医生沟通很好，关系像朋友一样，也把自己的命交给上天跟医生了，所以我们都觉得不需要进一步心理咨询会谈。当时，我只跟勇叔说，"日后你若有需要找个人聊聊时，可以主动找我。"

经过三年的化学及放射线治疗，疗程告一个段落，这次，眉头深锁的勇叔走进会谈室，一副没有力气的模样。我很自然地给予关怀，轻声问候低着头的他，"勇叔，你还好吗？"

每次病人走进会谈室或是主动想找我谈，我总是先默默祈祷"希望不要带来疾病的坏消息"，这非理性的想法，纯粹是我自己的一番希望。但从勇叔的表情中，我已经有了心理准备接收坏消息。他语气沉重地说，"医生说我脑部转移了，"我陪着静默几秒钟后，他接着说，"我内心有点不安。"

内心最不安是什么？他相当沮丧地说，"你知道吗？其实我很担心自己到时候会整个人瘫着，失去意识，什么事情也不能做，到最后连行动能力都没有，然后完全失去意识，有种不得好死的感觉。我不想要过这种日子，那真的是一点意思都没有。"

其实人最担心的就是"自己没有用"的感觉，好像对这个世界而言，自己的存在一点都不重要，甚至造成他人的负担，失去意义。 在癌末的死亡历程中，有些人会经历两、三个月以上的体力耗弱期，在这段时间里，不少人会因此觉得自己很没用，而感到心情沮丧。

坦白说，这段话冲击到我，我试着想像自己面临失去所有的行动能力会是什么模样？但真实面对这样的死亡时，还是很难想像死亡逼近的样子。存在主义治疗大师欧文·雅洛姆（Irvin D. Yalom）曾说，"心理治疗师需要注意治疗者对于自己的死亡议题，那的确是有冲击的。"

接下来与他的会谈就是讨论人性，不断与生命对话。他哭着告诉我，"我真的觉得自己很没用，什么都没办法做，好像在等死。"我倾听着，这也许是勇叔至今都没有对人说出口的情绪，此时的他进入低谷的状态。

我陪伴着他讨论并正视死亡这个议题，他的情绪开始慢慢转变，"现在转移的是脑部，其实我也知道多想没有用。如果最后真的无法好死，好像也不是我能决定的，不过我倒是有签署不实施心肺复苏术（DNR），我觉得这是我要的死亡方式。"

我点点头。人生许多遭遇，会让我们觉得自己没有选择，**虽然这些遭遇不是我们可以控制的，但我们依然会想要拿回一些自主权。**

他若有所思后说，"其实我是一个很有自己想法的人，我签了 DNR，但还不知道如何跟家人说，我很怕他们误以为我是放弃不想活，其实我怎么可能不想活，能活一天是一天啊，现在我都这样想着。我只是决定不要痛苦地死去，这很重要。"

"嗯？"我眼睛望着他，期待他继续说下去，"对，我比较担心的是这个。一想到我哥他们一直提醒我绝对不能放弃，要坚持到最后，一直以来替我担心这个、担心那个，我真的很有心理压力，也就很难跟他们说。"

"不过，我最后还是会跟他们说，因为我真的想好死一点，也比较安心。"他说跟我谈完后，心里更确定自己想要的选择是什么，会再努力向家人传达自己的决定。

"谢谢你陪我谈论这些，毕竟这些都是很沉重的话题，你自己心理也要去解压。"我笑着对他说，我明白的。

每每谈完死亡议题的咨询后，反而会有种"原来谈论死亡会让人心特别接近"的神奇感受。

• 心理师的临床笔记 •

不实行心肺复苏术（Do Not Resuscitate，DNR）

当病人罹患严重伤病，经医生诊断认为不可治愈，而且病程进展至死亡已属不可避免时，病人或家属同意在临终或无生命征象时，不施行心肺复苏术（包括气管内插管、体外心脏按压、急救药物注射、心脏电击、心脏人工调频、人工呼吸或其他救治行为）。DNR签立后，也可撤除或修改。

目前台湾安宁照护模式中，主要有三种服务，分别为：**安宁共同照护、安宁病房和安宁居家照护**。依据台湾全民健康保险的规范，其中除了安宁共同照护以外，**末期病人若想接受安宁病房和安宁居家照护，签署DNR为必要条件**。然而对已被医生判定末期的病人及其家属而言，末期病情已是一大冲击，再加上传统对DNR的错误观念将"放弃急救"联想到"放弃治疗"，反而让病人失去更好的安宁照护机会，临床上遇到病人已决定DNR，而家属误解意义，试图阻止病人时，会造成病人莫大的心理压力。

拜托，让我安乐死可以吗？

身心同步的巨大折磨、失去尊严地活着，这些都让我看不见
生命意义

也许，当我们觉得活着已经失去了尊严，认真思考生命意义，或自知生命已经走到尽头的时候，会想选择"安乐死"，这个生命议题始终是不分种族、不分身份地位皆须面对的。

看着照会单上写的："男性，五十五岁，病人向家属提到不只一次想死，于是家属（老婆）焦虑、不知所措，请心理师进一步给予心理评估及支持。"我相信这一定是在极大的痛苦下，病

人才会对家属说"想死"，一方面可理解家属不知所措的心情，另一方面，也需要做好自杀防治工作，所以在优先顺序上，会先访视病人。

到了病房，阿龙沉默不语。面对沉默，我保持尊重，只想了解眼前的人到底发生了什么事情？记得初诊时，他并不是那样令人难以接近，"你，还记得我吧？在半年前曾经跟你谈过的心理师。"

"嗯，记得。"虽然我明白阿龙不想多谈，只回应短短的语句，但看见他瞳孔里的眼神如此沉重，弯着身体不太舒服的样子，便问道："你哪里不太舒服？需要帮助吗？"他说因为癌细胞转移至骨头，尤其尾椎部分很疼痛，几乎是睡不好的状态，而且还提到这半年来每天都觉得很累，也觉得治疗很没意思，经历身心的疲惫。

"拜托，可以让我安乐死吗，台湾安乐死到底合法没？"阿龙一脸正经严肃地问我。"我想，如果不是很大的痛苦，你不会这样问我。"看着他皱眉、全身疲倦、眼泪在双眼里打转的样子，我将身体向前倾注视着他，豪不犹豫地说，"放心哭吧，你安心地哭没有关系。"

让病人安心地哭泣，并让他们说出心里未倾吐的话及情绪，也是我心理工作的一部分，虽然不可否认每次都是揪心的。

阿龙开始流眼泪，用颤抖的声音说，"活成这样子真的很痛苦，治疗药物那些都好像骗人的一样。医生说我治疗效果不佳，我在想，干脆不要治疗好了。人怎么可以活成如此没有尊严！"他边哭边说这段话的几分钟里，夹杂着哽咽和啜泣声。

在身心煎熬的脆弱状态下，我想先陪着他，让他的情绪发泄出来会好一些。我试着回应那个关于无力感与尊严议题的提问，"当然，我同意你说人活着就要有尊严，只是无奈的是你的疼痛好像让你很不舒服，先跟我说一下目前的疼痛状况好吗？一到十分，你现在几分痛了？"

"九分，医生来巡房，护士也有问，但是我都不想说话。"

"你都没有说，这样他们很难做疼痛控制，都痛成这样子了，我猜你什么都不想管，也不想继续做治疗吧。"

从阿龙过去的经历可以明白，他一向是愿意吃苦的人，而"活着要有尊严"是他认为相当重要的事，这段患癌治疗过程是他目前人生里，觉得最没有尊严的事情。"我觉得这根本是在拖累家人，然后每天体力差，治疗半年，每天都在累，也不知道能做什么，连基本的觉都睡不好，活着做什么！"

两次会谈都看见他太太眼眶红红地陪在旁边，尽力照顾，听主治医生说，太太听到先生想放弃治疗，焦急得不知所措。

我理解他现在的生活品质很不好，也觉得自己没有用的感觉，"你现在的存在，对于家人来说是有价值的。现在你的疼痛控制听起来很差，也因痛所以睡不好，这方面我会帮你跟主治医生再沟通一下。我可以了解你说想放弃治疗的感受，不过先把疼痛控制做好，睡眠可能会好一些。现在的你，因为痛到很有情绪，难免什么都不对，越想越没有意义，然后心里越来越苦。"

我跟阿龙的主治医生沟通疼痛控制，主治医生也说会帮忙调整，"但你到时候也一定要学习跟医生沟通。"阿龙终于点头说好，并对我说了感谢。

我微微笑着说："我还会再来评估你的状况，也陪你谈谈生命尊严，我知道这对你来说相当重要。"

•心理师的临床笔记•

癌因性疲惫（Cancer-Related Fatigue，CRF）

世界卫生组织（WHO）早在1998年即呼吁重视"癌因性疲惫症"，并在国际疾病分类编码第十版（ICD-10）将"癌因性疲惫症"正式定义为疾病。

癌因性疲惫可能是长时间感到难以遏止的精疲力竭，身、心、灵都变差的一种主观状态，这种疲累不能因休息而恢复，且通常在治疗结束之后仍会持续。当知道自己或是照顾者有癌因性疲惫的状况而形成"厌世"的感觉，建议主动与主治医生讨论，轻度的癌因性疲惫症，可通过饮食营养、运动等改善，建议每周应做150分钟有氧运动，并再考虑是否需要找身心科医生、心理师、营养师等其他专业共同协助。

● 与一般疲惫的不同

每个人都会有累的时候，但一般的疲惫通常是自己可以预期的感受，且绝大部分都知道自己为什么会累，适当的休息可以解决问题。

癌因性疲惫则是由于平常就缺乏能量，是一种异常或过度的全身性疲累，无法藉由适当的休息或睡好觉来缓解，疲惫有可能是急性的（持续一个月或以下）或慢性的（持续一到六个月或以上），但无论时间长短，这样的疲惫往往会影响到患者的日常工作及生活品质，造成心理上的无力感。

● "癌因性疲惫"的症状

将近八成的癌症患者会有疲惫症状，尤其是在接受治疗的患者。疲惫症的成因相当复杂，包括生物性、心理性或行为上的原因，症状有疲倦、耗竭感、无力、无法运动、缺乏能量、虚弱、很爱困、忧郁、动作迟缓、身体沉重等。

● 当出现了自杀念头

亲爱的，当你出现了自杀念头，想必经历了一段无奈、无助的心境，这时可以寻找值得信任的人说出自己的感受。另外，在无助时也可先寻求免费的心理咨询服务。

若身为家属听见病人提及"想要死"的言语，不要先急着给予批判或建议，而是先倾听，给予关怀，并紧密陪伴在旁，立即转介给专业的心理医疗人员。

正视死亡反而让我强大

如果现实限制是既定事实，那么请与我用健康的态度讨论死亡

许多人患癌后便禁锢自己的心灵，并且不断地加锁上去，最后什么都没有说，什么都没有想，什么都没有做，就这样子离开了。但也有人鼓起勇气面对死亡，拥有"既然已经受到死亡威胁，就去理解死亡这件事情吧"的洒脱。

晓玲是一位热爱跳舞、享受律动节奏的舞蹈老师，体态纤细，平日教土风舞、社交舞，这些几乎占了她三分之二的时间，生命中有许多因跳舞而美丽的日子。

几年前，晓玲刚被诊断为鼻咽癌，开始过着反复入院治疗的生活，化疗后身体会有些疲惫，少了体力，原本的教课暂停，心也跟着倦怠，有一种"提不起劲"的无力感，不想多说话、多解释，以前喜欢做的事情现在不想做了，连跳舞也不太想了。

许多癌症患者内在会有很深的呐喊，觉得这一切活着到底是为了什么，于是心态不像过去开阔，也担心别人的眼光，不想花力气去回应他人的关心，好像过去所认同的事情都瞬间崩解了一样。晓玲就是这样。

稍有精神心理卫生知识的人，可能会说这是忧郁症，但一个人突然面临这么大的人生打击，我认为在这个初始阶段，她只是需要时间调整心理，不用疾病诊断来理解。

让我来，因为她的情绪低落。她看了看我说，"你来了，我也不太想说话"，这是一开始的见面方式。我尊重她的意愿，也关心她现在担心哪些事情。如同其他病人，她回我，"活一天，算一天，我也不知道接下来该怎么办。还能怎么办呢？"这是临床经验里常被问的问题，我也明白此时病人会沉浸在无奈中，无法自拔。

一个人很无助时，脑子很难有清楚的想法，只想要一片空白，不敢多想，情绪也只求不要更糟就好了。这时候的晓玲也因此什么都不想谈。

她刚开始被诊断为鼻咽癌第三期时，身旁的人拼命鼓励她，但对她而言，依然是难以承受的打击。可以理解这种时候，旁人好心想拉一把，然而这时候旁人的积极鼓励，不见得是病患当时真切的心理需求。尤其那些"你多想也没用，已经得了就是要面对现实""不是最后一期啊，都还有机会，不要太烦恼"的话语，虽然也能明白亲友们的好意，但始终不是贴近她的安慰。

每次会谈，晓玲都会说她真的很讨厌当病人、做治疗，也讨厌现在的状况，不能做自己喜欢的事。她提到以前多喜欢找音乐编舞，有时也会去公益表演，但是谈的都是以前的生活。有时，她也会表达很无奈现在身体的限制，但我心里明白，有件事情不会改变，死亡是人生皆会面对的事。

两年后她面临一个医疗现实：医生告知疾病正在进展，或许我需要轻柔地稍微提醒她这个现实。

"现在你什么都不想做了吧？"她点点头，并有些不耐烦地反问，"你看我现在还可以做什么？"试图想要说服我去肯定她的想法。我问她是否有其他想做的计划，她说想快一点好起来，然后可以跳舞，"我感觉现在的身体不像是自己的，令我很沮丧。"

我表示很理解她，我接着问，"有没有做些调整心理的力气呢？"我想进一步跟她讨论"死亡"这件事情。**讨论死亡对一些**

人来说是危险的，这可能造成病人的抗拒感，但是若关系良好，深入讨论对病人有时反而是很强大的力量。

我邀请她思考死亡这个议题，一开始或许有些不习惯，但她后来自行上网查了一些关于死亡的阶段，像是人若是癌症过世，最后几个月可能是躺床无法独自行动的虚弱状态，而死亡的方式有时连医生也难以断定。

讨论到这个部分的时候，晓玲觉察到死亡正在逼近，"我不想继续这样下去了，虽然我一直很无力，但现在至少双脚还可以动，所以想要完成想做的事情。"

"你想要做什么事情呢？"我问她。"想去一些美丽的地方。"我微笑，请她跟医生讨论这件事情，评估调整来院治疗的时间。医生也非常鼓励她。她后来与伴侣去土耳其待了三周，回国后特别与我约时间说了感谢，并分享这趟心灵之旅，感悟到现在虽然与死亡很接近，但也接受了这个现实。

有次去病房访视时，隔壁床刚好是她，看见她又开始在编舞，"有力气就做些自己爱做的事情，"她笑得很美地对我说。

•心理师的临床笔记•

讨论死亡的正面意义

亲爱的，也许疾病可能在进展中，会让你联想到死亡；也可能癌症的初始诊断就会让你联想到死亡，虽然事实上"癌症"并不等于"死亡"，但癌症容易让人觉得是一种生命威胁，不论是病人或是家属，都建议讨论"死亡"这件事，而讨论死亡不等同于放弃生命的希望。

一、给病人

●**试着理解死亡的病程**：有些病人担心自己的身体状态会如何走下坡，不知道疾病进展时，身体会出现哪些症状，而这可以询问主治医生或医疗团队的医生、护理师的建议。

●**试着主动谈论死亡这件事**：可与愿意倾听的家人、朋友或信赖的心理专业人员讨论死亡，可能谈论后可以让你觉察死亡所带来的意义，引发积极珍惜时间的动力，甚至是完成你自己的"心愿计划"；临床上也看见有些家属不忍心与病人讨论死亡议题，担心增加病人心理负担，独自承受这份压力，所以建议病人试着主动与家属讨论看看。

二、给家属

在生命里总会遇见许多难题，而患癌的确如同生命中出现了岩石，跨越癌症与跨越岩石一样需要经过一段艰辛的过程，从临床经验中常看见亲人关系间的那份"爱与陪伴"，超越了眼前的阻碍。

即使面对患者疾病进展，也不要因为回避讨论死亡而阻碍了沟通，能明白家属不与患者讨论死亡的心情是出于爱，基于心疼、不舍，而不知道如何开口。然而这样可能会让彼此都背负一种"不能说"的心理压力，若家属愿意敞开心扉，试着陪同患者讨论对于死亡的态度与想法，那也可能增加让彼此的爱交流的机会。在内心深处，我们皆明白即使是面对死亡，爱也不会随着时间而流逝。

若身为家属不知如何面对所爱之人的疾病进展，则建议慢慢了解病人对自己目前身体状况的感受与想法，再渐进式地讨论与死亡相关的议题，在此部分遇到困难可请医疗照护成员协助。